二十世紀英國

Twentieth-Century Britain: A Very Short Introduction

U0134712

Twentieth-Century Britain: A Very Short Introduction

二十世紀英國

摩根(Kenneth O. Morgan)著
宋雲峰 譯

OXFORD
UNIVERSITY PRESS

Oxford University Press is a department of the University of Oxford. It furthers the University's objective of excellence in research, scholarship, and education by publishing worldwide. Oxford is a registered trade mark of Oxford University Press in the UK and in certain other countries

Published in Hong Kong by
Oxford University Press (China) Limited
39th Floor, One Kowloon,1 Wang Yuen Street, Kowloon Bay,
Hong Kong

This orthodox Chinese edition © Oxford University Press (China) Limited

The moral rights of the author have been asserted

First edition published in 2021

All rights reserved. No part of this publication may be reproduced, stored in a retrieval system, or transmitted, in any form or by any means, without the prior permission in writing of Oxford University Press (China) Limited, or as expressly permitted by law, by licence, or under terms agreed with the appropriate reprographics rights organization. Enquiries concerning reproduction outside the scope of the above should be sent to the Rights Department, Oxford University Press (China) Limited, at the address above

You must not circulate this work in any other form
and you must impose this same condition on any acquirer

二十世紀英國

摩根（Kenneth O. Margan）著

宋雲峰 譯

ISBN: 978-0-19-083220-9

1 3 5 7 9 10 8 6 4 2

English text originally published as *Twentieth-Century Britain: A Very Short Introduction* by Oxford University Press © Kenneth O. Morgan 2000

版權所有，本書任何部份若未經版權持
有人允許，不得用任何方式抄襲或翻印

目錄

圖片鳴謝

1. Photograph of recruits to the army under the 'Derby scheme', Southwark Town Hall, autumn 1915
   Courtesy of Hulton Getty
2. Lloyd George talking to Indian soldiers near Fricourt, on the Somme, September 1916
   Courtesy of The Imperial War Museum
3. Cartoon portrait of the economist John Maynard Keynes by David Low, first published in the New Statesman and Nation, 28 October 1933
   Courtesy of the New Statesman
4. Photograph of mass production on the assembly line at Morris Motors, Cowley, Oxford, 1929
   Courtesy of Hulton Getty
5. (Top) Child evacuees arriving at Eastbourne, Sussex, at the outbreak of war in 1939; (bottom) child wearing a gas mask
   Courtesy of Popperfoto (top) and Hulton Getty (bottom)
6. Tube Shelter Perspective by Henry Moore, 1941
   Courtesy of The Tate Gallery
   By permission of the Henry Moore Foundation
7. The Labour Cabinet under Attlee, 23 August 1945
   Courtesy of Hulton Getty
8. Margaret Rutherford, Stanley Holloway, and Paul Dupuis in a scene from Ealing Studios' Passport to Pimlico (1949)
   Courtesy of The National Film Archives/© Canal + Image UK
9. Start of the first march from Trafalgar Square to the government weapons research establishment in Aldermaston, Berkshire, April 1958
   Courtesy of Popperfoto
10. The North Sea oil rig Sea Quest
    Courtesy of Popperfoto
11. Mourners outside Kensington Palace prior to the funeral of Princess Diana, September 1997
    Photo Martin Argles, © The Guardian

The publisher and the author apologize for any errors or omissions in the above list. If contacted they will be pleased to rectify these at the earliest opportunity.

第一章
第一次世界大戰

1914年7月17日，倫敦市長在市長府邸舉辦年度宴會。就在這個宴會上，財政大臣戴維·勞合·喬治(David Lloyd George)對英國社會的不祥形勢提出了嚴厲的警告。在國內，由礦工、鐵路工人和運輸工人組成的「三方聯盟」正威脅要發動大規模聯合罷工，以支持鐵路工人提出的承認工會和每週工作48小時的要求。在英國面臨全國性工業癱瘓前景的同時，隔海相對的愛爾蘭也到了內戰的邊緣——信奉新教的愛爾蘭北部地區和信奉天主教的南部地區有20多萬人武裝起來，使持續了幾個世紀之久的愛爾蘭民族主義似乎到了用血腥內戰解決的時刻。在國外，印度和埃及出現民族主義糾紛。在離英國不太遠的東南歐，奧地利大公弗朗茨·斐迪南(Franz Ferdinand)6月28日在波斯尼亞的薩拉熱窩遇刺，重新引發了巴爾幹地區的種族紛爭。

在世界大戰爆發前夕，英國似乎面臨着文明世界的自由民主即將解體的危險，而政府及其政策措施又因無力控制緊張局勢而顯得捉襟見肘。然而，正如過去慣常出現的情景，一旦戰爭這個最高危機爆發，這些衝突因素迅速減弱，成為次要問題。全國上下被一種共同的目標團結起來。英國於8月4日宣戰之後，在敵對狀態下的最初幾周中不可避免地出現了一些恐慌。財政部和英格蘭銀行採取了激進措施才維持了國家的通貨和信用。為了適應戰爭的挑戰，製造業與商業界幾近絕望地努力保持其職業道德規範並宣稱「生意一切照舊」。英國遠征軍早期的實戰經歷幾乎都是災難性的。這是一支匆忙之中拼湊起來開赴佛蘭德斯和法國的隊伍，在伊普爾遭遇嚴重挫敗，不得不從曼斯撤退，損失慘重，潰不成軍。英軍兵力減少到三個軍團，其戰鬥力幾乎從一開始就遭到大幅削弱。只有法國軍隊在馬恩河畔的拼命抵抗才阻止了德軍向巴黎的進軍和德奧聯軍的過早勝利。

雖然如此，在經歷了最初的災難後，英國及其領導人作好了持久戰的準備。重大的國內問題，如愛爾蘭的自治問題，由於戰爭的持續而被擱置起來。所有政黨宣佈了它們之間的無限期和解。1914年夏天的勞資關係紛爭也逐漸平息了；英國工會聯盟所表達的傳統愛國主義熱情甚至蓋過了企業主們。一種奇特的平靜氛圍籠罩着全國，而這種平靜是基於廣泛的——儘管遠遠不是全體的——關於戰爭正義性的共識。要使一個自由社會接受這一點，就需要從某種寬泛的人道主義立場來解釋這場戰爭的真正意義。這一工作是由勞合．喬治來完成的。他本人曾是1899年南非布爾戰爭的強烈反對者，並且多年以來一直是阿斯奎斯(Asquith)自由黨政府最大膽直言的左翼閣員。在最初的幾周裏，勞合·喬治一直保持着令人疑心的沉默。但1914年9月19日在倫敦女王大廳對一群威爾士同胞發表的雄辯演講中，他毫無保留地承諾要將戰爭進行到底。他站在，或者宣稱站在，最高的道德立場上。他宣稱，這是一場事關自由主義原則的戰爭，是一場代表「弱小國家」而打的聖戰。這些小國包括被德國公然入侵的比利時，或者當時正面臨奧匈帝國威脅的塞爾維亞和黑山。神聖戰爭的說法不僅得到所有基督教教會領袖們的支持，也得到查爾斯·詹姆斯·福克斯(Charles James Fox)和格拉德斯通(Gladstone)等所有自由主義英雄們的支持，所以勞合·喬治的立場立即得到全國性的響應也就沒有甚麼奇怪的了，甚至英國國內較小的蘇格蘭和威爾士地區也作出了同樣的回應。

贊成參戰的共識

在接下來的可怕的四年裏，贊成參戰的廣泛共識基本沒有改變。當然，這期間還是有不少的變化，尤其是在1916年5月不受歡迎的徵兵決議開始實行之後。最終，到了1917年，不考慮其他因素，如勞工組織變得愈加激進以及俄國布爾什維克革命救世主般的魅力，單是厭戰情緒就已開始動搖這一共識。當然，這種共識的維繫也是由於政府對新聞媒體進行了軟硬兼施的控制、審查以及編造「德國佬」危言聳聽的暴行。政府對激進派或反戰分子進行了大量迫害。儘管來自政府的壓力很大，到1917年時，基督教和平主義者的「反徵兵組織」和民主監督聯盟(主張媾和)等組織對公眾的思想還是產生了不小的衝擊。蘭斯多恩勳爵(Lord Lansdowne)對和平的呼籲(1917年11月29日)也產生了很大的轟動。儘管如此，現存的戰爭史料表明當時絕大多數人依然認為這場戰爭是正義且必要的，而且不管代價有多大，必須打到德國人完全投降為止。軍隊對志願者進行了大規模且熱情高漲的招募——1914–1916年招募志願軍以充實赴法部隊的做法也確實證明了這種方式在擴充軍隊數目上遠比此後實行的強制招募成功得多。長年的陸上和海上衝突從最初1914年秋西線的對峙，持續到1918年9月同盟國的突破，而大眾對這些都堅忍地挺過來了。

這些可怕年月從心理上和道德上給英國人的記憶和人生觀打上了深刻的烙印。它極大地影響了整整一代的文學作品，同時也塑造了一戰結束以後20年間英國人對外來戰爭威脅的反應。西線的戰爭以一種陌生的形式進行着：雙方採取守勢進行久拖不決的深壕戰，而無法採用1870年普法戰爭期間歷經考驗、引人注目的新式機動攻擊戰。法國在這將近四年的時間裏，戰線幾乎沒有推進。雖然英國偶爾也嘗試抓住戰

圖1　1915年秋按照「德比計劃」在薩瑟克市政廳進行的自願報名參軍活動。1915年10月，德比勳爵提出了一個計劃，旨在保留自願服兵役的制度，要求人們登記以「證明」他們參軍是出於自願。當時公眾自願參軍的熱情很高：1915年10–11月該計劃下的志願者人數就高達23.5萬人。但該計劃被1916年初對所有適齡男性進行強制徵兵的規定所取代。

爭主動權，但總是以巨大傷亡告終，這對於奢侈地享受了百年和平的英國人來説是非常不可思議的。1915年9月英國對盧斯的進攻很快被擊退。更大的挫折是1916年6月英國在索姆河的進攻，第一天就損失了6萬人，而此役的傷亡總數達到了42萬人。最糟糕的戰役是1917年8、9月份的帕森達勒之戰，超過30萬名英國士兵在戰役中傷亡，其中相當一部分葬身於佛蘭德斯大雨滂沱的泥沼中。地面部隊和坦克等作戰機械在這種毫無機動可言的戰役中根本無法發揮作用。新型戰鬥機也成效甚微。和在其他場合一樣，指揮官與普通士兵之間存在的階級分野阻斷了他們之間的溝通，這對於整個戰役期來說都是致命的。事實上，英國在接下來的幾個月裏基本上停止了進攻。1918年3月到4月英軍在亞眠防區拼命阻止德軍新一輪的進攻。直到當年8月英軍在總司令道格拉斯・黑格爵士(Sir Douglas Haig)領導下實現了戲劇性突破，戰爭的勝負才初見分曉。與此同時，勞合・喬治和溫斯頓・丘吉爾(Winston Churchill)等人主張繞開西線僵局，轉而在相對邊緣的「東線」作戰，但這種戰略也遭到了接二連三的挫敗。1915年夏對達達尼爾海峽的遠征是一項巨大的軍事失誤，導致了嚴重的損失；一年後對薩洛尼卡的遠征也是如此。尤其是達達尼爾遠征的失敗讓丘吉爾作為理性政治家的聲譽一落千丈，數年後才得以挽回。即使在英國擁有傳統霸權地位的公海地區，1916年6月英德間的日德蘭海戰至多也就打了個平手。英國主力艦隊在指揮不力的交戰中損失了三艘作戰巡洋艦、三艘其他巡洋艦以及八艘驅逐艦。

後來在幾乎所有劇院中，反戰宣傳片描繪了憤怒的民眾對英軍陸海指揮官的猛烈抨擊，指責他們為災難的罪魁禍首。「戰地詩人」們，如在戰場上犧牲的威爾弗雷德・歐文(Wilfred Owen)和艾薩克・羅森堡(Isaac Rosenberg)，以及在戰爭中倖存的西格弗里德・

沙遜(Siegfried Sassoon)和羅伯特·格雷夫斯(Robert Graves)，被帕森達勒的血腥場面震驚了。他們強烈呼籲民眾反對戰爭，反對會使一半的年輕人失去生命的殘殺。觸目驚心的統計數據也強有力地支持這一觀點——在這場戰爭中，一共有75萬人犧牲，250萬人受傷，其中不少人留下了永久性的殘疾。雖然事實如此殘酷，但當時很少有人意識到這一點。西線總指揮約翰·弗倫奇爵士(Sir John French)於1915年底被調離後，其職務由黑格接替。這位沉默而嚴厲的蘇格蘭人勇敢而正直，因此逐漸在民眾中樹立起很高的聲望。這一聲望只有埃德溫·勒琴斯爵士(Sir Edwin Lutyens)在蒂耶普瓦爾為紀念英軍陣亡將士而修建的高大紀念碑能夠比擬。陸海軍的其他將領，如比提(Beatty)海軍上將以及艾倫比(Allenby)將軍(1917–1918年在埃及指揮英軍由巴勒斯坦攻入敘利亞，掃除了德軍的重要同盟土耳其軍隊的威脅)，也成為備受歡迎的戰爭英雄。戰壕象徵着一種嚴酷但不可避免的解決方法。布魯斯·班斯法瑟(Bruce Bairnsfather)筆下著名的漫畫人物「老比爾」，鼓勵他的戰友，如果他知道哪兒有「更好的活兒」就不會來當兵了，這幽默地表達了人們對塹壕戰恐怖氣氛的容忍。軍事危機度過後，英法得到來自美國的巨大軍事和經濟援助。英法聯軍終於在1918年11月11日停戰前突破了德軍防線並逼近德國邊境，而大眾的擁戰熱情也達到了頂峰。英國似乎面臨着一種軍事崇拜的危險，而這種情緒是自從安妮女王(Queen Anne)統治時期的莫爾伯勒時代之後在英倫三島上從未有過的。

全面戰爭

戰爭之所以廣受歡迎——或者其後的不得人心——是因為全面戰爭牽涉到了全體民眾以及所有的社會經濟資源。在輕鬆地開始之後，戰爭在1915–1916年期間給工業和社會領域帶來了大規模的變化。它使得國家權力高度集中，集體控制權空前膨脹。工農業的生產力及其分配都被用來滿足強大戰爭機器的需要。1915年5月新建立的軍火部開創了新的模式，由勞合・喬治親自掌控。設立此部的目的是為了解決軍火供應中諸多瓶頸問題。通過「雷厲風行的工作人員」，該部成為整合整個工業結構為戰爭機器服務的發動機。它對其他領域，例如社會福利、住房政策，以及婦女地位也產生了巨大的影響。煤礦、鐵路、商業以及船運均被置於國家的控制之下。戰前舊的自由經濟模式，包括被視為神聖的自由貿易原則，都被繞過或者架空了。同樣，勞資關係的傳統體系也以全新的形式出現。1915年3月由政府與工會(不包括煤礦工會)達成的《財政協議》禁止罷工，但保證工會的集體談判權並間接給予工會領袖全新的參與政府決策的權利。

《財政協議》並沒有達到實現戰爭期間勞資關係全面和平的目的。煤礦業出現了很大的糾紛，引人注目的是1915年7月南威爾士礦工聯盟成功的正式罷工。軍火部試圖讓非熟練工人(主要是婦女)進入工程類工廠以「稀釋」勞動力並試圖控制軍工企業工人流動，這招致了很大的麻煩，特別是在克萊德賽德的工廠。1916–1917年期間，蘇格蘭和設菲爾德工人代表的非官方活動提醒我們，戰爭年代的共識非常脆弱，遠遠不是毫無異議的一致。然而，戰爭的確確保了工會以及工廠主們的集體地位，後者因新成立的英國工業聯合會而聯合起來。一種新的、有組織的、有計劃的產業關係體系似乎成為可能。具有重大意義的是，商界鉅子如艾瑞克・蓋德斯爵士(Sir Eric Geddes)、約瑟夫・麥克雷爵士(Sir Joseph Maclay)、德文波特勳爵(Lord Devonport)以及榮達勳爵(Lord Rhondda)等人都在中央政府關鍵部門擔任職務。這象徵着工業與政治領導階層的關係正在發生轉型。愛德華七世(Edward VII)的自由主義英國正逐步變成公司式的國家，差不多就像下一代人形容的「大不列顛有限公司」。

社會改革

在社會和文化活動的廣泛領域，大戰的整體衝擊是非常巨大的。左翼反戰者，如工黨的拉姆賽・麥克唐納(Ramsay MacDonald)，極具諷刺性地指出戰爭的需要所帶來的社會改革遠遠大於過去半個世紀工會和進步人道主義者的所有運動所帶來的變革效果。政府的新遠景正在展開。新的元素正在注入和平時期統治英國的技術型、職業化公務員精英階層。行政和經理階層得到大規模擴張。像威廉·貝弗里奇(William Beveridge)或希波姆·隆特里(Seebohm Rowntree)這樣的社會改革家，甚至比阿特麗斯·韋布(Beatrice Webb)那樣的社會主義者都成為具有影響力的人物，受到中央政府部門的尊重，尤其是1916年12月勞合·喬治接替阿斯奎斯擔任首相之後。工資提高了，工作條件改善了。1917年的《玉米生產法》復興了英國的農業，給佃農和他們僱用的工人帶來了新的生機。技術性以及其他形式的教育也得到了重視。特別是隨着1918年《費舍爾法案》的實施，免費的初等教育得到了普及，該法案還試圖為大眾創造從初等到中等甚至高等教育的機會階梯。政府的一系列調查，包括保守派索爾茲伯里勳爵(Lord Salisbury)牽頭進行的一項調查，為國家住房計劃開闢了新的遠景，而這一領域在1914年前幾乎被新自由主義完全忽視。主要的原則定了下來，即建立一種地方政府負責的補貼住房體系，為成千上萬的工人階級建設廉租房，並且拆除城市中心和老舊工業區的貧民窟。關注公共健康的呼聲也出現了。極具諷刺意味的是，這場造成大規模生命損失的戰爭，促使國內對生命更加重視，主要表現為改善醫療環境、關注兒童和老人、重視哺乳期母親，以及像建立醫學研究學會那樣的醫療創新。到了1918年底，政府承諾建立新的衛生部來協調衛生服務和國民保險，並且接替地方政府委員會在這些方面的職責。

婦女

英國社會從戰時經歷中獲得的最重要成果就是解放。的確，對於他們(事實上是英國人口的大多數)來說，這是一個解放的時代。戰爭期間的英國婦女是最大的受益者。成千上萬的婦女在前線服務，主要是在戰地醫院。護士伊迪絲·卡維爾(Edith Cavell)的傑出事蹟在公眾中提高了婦女的聲望。她因在比利時協助英法戰俘從戰俘營中逃走而被德國人殺害。在國內，女權運動領袖埃米琳·潘克赫斯特(Emmeline Pankhurst)及其長女克麗絲特布爾(Christabel，而不是她那個社會主義者的次女西爾維婭[Sylvia])積極協助政府的徵兵運動。婦女在較廣泛的領域得到了大量新機會，如事務性和行政性的工作、軍火生產和其他工程工廠的工作以及許多以前為男性所獨佔的眾多陌生職業。全面戰爭所造成的大融合對消除過去幾十年來限制婦女的性別障礙產生了巨大的壓力。那些認為婦女沒有能力完全行使自己的公民權利的論調已站不住腳。因此，1918年的《人民代表法》賦予30歲以上的婦女投票權。這幾乎是反高潮的，因為婦女遭受迫害和偏見的長期苦難史如此輕易地就結束了。如同在別的領域，政府強調的是戰爭的正面和進步的影響，並且為公眾描繪出戰後和平時期大規模「重建」(重建的定義在這兒是扭曲的)的宏偉藍圖。也許並非有意，但政府設法擴展和鞏固當時的那種共識。

政治

戰爭給英國的政治造成了巨大而混亂的變化。戰爭爆發時，下議院仍由自由黨和保守黨(或者統一黨[1])之間那種滑稽可笑的競爭所主導。然而對於自由黨來說，戰爭給它帶來的是災難。一部分原因是戰爭造成的對個人與公民自由權利的侵蝕，另一部分原因則是許多自由黨成員對戰爭本身的價值所抱的模棱兩可的態度。1915年5月阿斯奎斯的自由黨政府變成三黨聯合政府標誌着自由黨的進一步衰落。此後，黨內就徵兵問題產生的嚴重分歧與阿斯奎斯毫無生氣的笨拙領導風格一直形影相隨。作為「血戰到底」承諾的象徵，勞合・喬治和丘吉爾都主張強制徵兵。

其他的老派自由黨員，如約翰・西蒙(John Simon)和雷金納德・麥克納(Reginald McKenna)，則猶豫不

1　英國政黨之一，主張愛爾蘭與英國的統一。——譯注，下同

決。阿斯奎斯本人也很躊躇。最後的決定是對18歲到45歲的男性強制徵兵，但這使得對阿斯奎斯以及自由黨的道德的批評聲音繼續增加。

危機終於在1916年12月來臨。數月以來公眾一直在抱怨政府的失敗，不僅僅是在戰場上，而且還表現在處理國內愛爾蘭問題和勞資糾紛時的無力表現。1916年12月1日至9日出現了錯綜複雜的政治變動。關於這個問題的真相，歷史學家們一直像中世紀的學者們那樣爭論不休。勞合．喬治與兩位統一黨領袖博納．勞(Bonar Law)和愛爾蘭人愛德華．卡森爵士(Sir Edward Carson)一起向阿斯奎斯建議成立一個最高戰時委員會來指揮作戰。幾天的猶豫不決之後，阿斯奎斯拒絕了這一建議。勞合．喬治隨後辭職。經過12月4日至9日的不同政治力量的關鍵性較量，勞合．喬治成為一個所有黨派都參與的聯合政府的首相。除在下議院佔有約半數的自由黨人之外，聯合政府不僅包括了所有的統一黨人，還包括在全國行政部門佔有微弱多數的工黨。此後，從1916年12月到1918年11月，勞合．喬治的權力達到了無人匹敵的接近總統的程度。他擔任最高戰時內閣的首相，由一個新的內閣辦公室以及私人秘書組成的「花園郊區」或稱廚房內閣作為後援。在這個頂峰的下面是一台巨大的集權機器。勞合．喬治的勝利有助於贏得這場戰爭，但對於他所在的自由黨而言則意味着災難。自由黨一直處於分裂狀

圖2　1916年9月，勞合．喬治在索姆河畔弗里考特附近與印度士兵交談。作為戰爭大臣（1916年7–12月）和首相（1916年12月之後），勞合．喬治以到法國前線慰勞士兵的方式樹立起自己的領導風格。

態，基層組織遭到削弱，在議會裏沒有效率且四分五裂，而且在媒體與知識分子圈子裏顯得缺乏道德與激情。新自由主義在1914年之前發起過如此多的社會改革，現在卻偃旗息鼓了。當戰爭在1918年11月結束時，自由黨變成了四分五裂並遭到極大削弱的殘餘小黨，成為全面戰爭的最大受害者。

出人意料的是，自由黨的地位被工黨取代。工黨也曾因這場戰爭的爆發而分裂。與工會領袖們的愛國主義形成鮮明對照的是，麥克唐納和許多左翼社會主義者反對參戰。麥克唐納不得不因此辭去了議會工黨領袖的職務。由於戰爭期間對一些問題的爭議，如強制徵兵的影響(軍事上，可能還有工業上)、是否參加勞合·喬治的聯合政府的決定等問題也困擾着該黨。然而，從長遠來看，戰爭對該黨來說是有利的。工黨所依賴的工會組織由於戰爭而加強了。到1919年初，工會會員增加了大約一倍，達到了800多萬。工黨還受到俄國革命以及戰爭最後兩年廣泛的反戰激進主義的鼓舞和影響。事實上，工黨既參與政府，同時又扮演着正式反對黨的角色。這是個理想的位置，可以利用自由黨的內部困難。最後，1918年的選舉權改革使投票人從大約800萬人擴大到超過2,100萬人。這就意味着工人階級選民的劇增以及以階級為基礎的政治兩極化趨勢得到鼓勵。1918年的工黨章程賦予該黨對社會主義全新的承諾。更重要的是，工黨對選區組織和黨總部的結構進行了重組，自始至終都由工會主導。工黨的快速發展是戰爭所造成的強大政治後果，但在當時卻沒有人預料到。

真正的受益者是保守黨。戰爭的進程使該黨成為自然的多數黨。自詡為愛國者的保守黨被戰爭團結起來。此外，在1914年之前因關稅和其他問題鬧過內訌之後，保守黨日益被商業與製造業利益所主導。保守黨人的選民基礎現在主要是在城市和近郊，而不是鄉村。戰爭結束時，隨着像斯坦利·鮑德溫(Stanley

Baldwin)和內維爾·張伯倫(Neville Chamberlain)這樣的重商新人物的出現，保守黨和工黨一樣擺好了毀掉愛德華時期建立起來的政治體系的架勢。1918年11月11日戰爭結束時，勞合·喬治取得了對國家的完全控制。他在政黨聯盟中的自由黨人殘餘力量與保守黨結盟，對抗反政府的自由黨「反戰主義者」以及工黨中的「布爾什維克」。右派主導的新時代正在來臨。

大英帝國

在國外，戰爭歲月促進了更多的變化。無論從何種意義上來講，這都是一場帝國戰爭，為大英帝國與英王和國家而戰。英國從澳大利亞、新西蘭、加拿大、南非和印度得到很多軍事和其他方面的協助。澳新軍團日(紀念加利波利半島蘇弗拉灣的戰役)成為澳大利亞日曆上悲情的、象徵性的事件。1917年，勞合·喬治實際上召集過一次大英帝國諸國首腦參加的帝國戰時內閣會議，討論協助宗主國內閣的事宜。像南非的揚·史末資(Jan Smuts)[2] 將軍那樣有權勢的帝國政治家甚至曾被請來參與英國的內閣討論。在商業上，帝國特惠制正成為現實。在這個時期，大英帝國

2　揚·史末資(1870–1950)，又譯斯穆茨，南非政治家、軍人和政府總理(1919–1924，1939–1948)，國際聯盟與聯合國的創始人之一，曾積極促成南非加入英聯邦和其他國際組織。

的神秘感是強大的。當時一位主要的建築師埃德溫·勒琴斯，年輕時曾是威廉·莫里斯(William Morris)發起的藝術與手工運動的追隨者。現在，他與赫伯特·貝克(Herbert Baker)正將他們的才智用於重建德里城上。德里城將以一座巨大的總督府為中心，配以秘書用的辦公大樓，作為古典權威的象徵。在戰爭期間，帝國的概念比以往任何時候都更為膨脹。的確，戰時的秘密協定確保了戰後和平時期英國的殖民體系及戰略，使它成為規模空前的帝國，新增加的領地範圍包括中東和波斯灣的廣闊地域。在像「阿拉伯的勞倫斯」[3]那樣的個人主義者的古怪行為鼓舞下，加之以美索不達米亞和中東其他地區豐富的石油前景，大英帝國的疆土擴張到無遠弗屆。

然而，事實上帝國正日益變得難以維繫。早在1914年之前，帝國政策受到的財政與軍事上的限制已經凸現出來，尤其表現在印度發生的日益高漲的國大黨運動上。而此時其他問題也出現了——反抗英國統治的民族主義起義此起彼伏並愈演愈烈。威爾士幾乎

3 托馬斯·愛德華·勞倫斯(Thomas Edward Lawrence, 1888–1935)：英國軍官，熟諳土耳其和阿拉伯文化。第一次世界大戰爆發後，勞倫斯利用他與阿拉伯地區頭領的關係策動聯合起義，使奧斯曼帝國分崩離析(1916–1918)。他因此獲得了「阿拉伯的勞倫斯」的美譽。勞倫斯的傳奇形象因美國記者洛厄爾·托馬斯(Lowell Thomas)圖文並茂的戰時報道以及他本人的自述《智慧的七根支柱》(*Seven Pillars of Wisdom*)而廣為人知。1962年，英國電影大師戴維·利恩(David Lean)將他的傳奇改編成史詩電影，更使勞倫斯成為家喻戶曉的人物。

是以盲目的愛國熱情追隨着如日中天的勞合．喬治，但與威爾士截然不同的是愛爾蘭對英國殖民統治進行了劇烈反抗。由幾位共和派和新芬黨人領導的1916年4月復活節起義遭到了慘烈的失敗。但是，由於阿斯奎斯政府殘酷的鎮壓，到了1918年中期，新芬黨及其共和信念贏得了愛爾蘭南部幾乎全部26郡的民心。主張自治的老資格人物，如約翰．狄龍(John Dillon)，正在被邁克爾．柯林斯(Michael Collins)和埃蒙．德．瓦萊拉(Eamon de Valera)這樣的新民族主義激進派所取代。戰爭接近尾聲時，愛爾蘭南部幾乎處於戒嚴法控制之下，他們抗拒服兵役，反抗王權及新教徒(或其餘威)的支配。愛爾蘭民族主義運動走過了漫長的歷程。從19世紀40年代的丹尼爾．奧康奈爾(Daniel O'Connell)到19世紀80年代的查爾斯．斯圖爾特．帕內爾(Charles Stewart Parnell)以及1900年之後的約翰．雷德蒙(John Redmond)，幾十年裏採取的大都是合法與和平的方式，現在卻似乎到了猛烈爆發的邊緣。一個顯然的事實是，戰爭歲月政治與社會的共識，在克萊德賽德和威爾士礦穀已經相當脆弱，更是一點也沒能延及愛爾蘭南部。隨着愛爾蘭共和主義強有力的策動，反抗帝國統治與壓迫的全新民族主義運動就要展開。印度、埃及以及其他殖民地將對此密切關注。戰爭留下的遺產是一個更加統一但卻更加孤立的英國。它龐大的帝國角色已經無法應對戰後世界的廣泛變化。

第二章
20年代

和平重新到來時，似乎一切都很少改變。1918年12月大選中勞合·喬治壓倒性的勝利確保了戰爭到和平的平穩過渡，同時也表明了人們對戰時的愛國主義和團結一致的認可。這場選舉被稱為「優惠券選舉」，因為政府給那些支持聯合政府的候選人發送了背書信。首相幾乎被所有的人稱為「贏得戰爭的人」，所以勞合·喬治成為繼奧利弗·克倫威爾(Oliver Cromwell)以來最炙手可熱的政治家。確實，大選的結果是極其懸殊的。聯合政府的支持者獲得了不少於526個席位(其中自由黨136席，統一黨獲得剩下的幾乎全部席位)，而工黨只獲得57席，自由黨獨立參選人僅僅獲得26席。如果仔細研究的話，這一結果並不能完全説明問題。工黨在議會的57個席位掩蓋了該黨在大選中獲得多達250萬張選票的事實，所以工黨實際上正處於大規模選舉突破的前夜。在愛爾蘭，新芬黨獲得南部81個議席中的73席；其議員退出了英國議會並在都柏林成立了自己的非正式議會，被稱作「代爾」。儘管如此，首相和他戰時同事們的權威似乎仍然是無可置疑的。大選似乎也證明在許多方面社會經濟秩序正在迅速復蘇。很多戰時的管制和國家的集體主義機制消失了，好像它們從未存在過似的。主要的工業產業交還給私人——包括鐵路、船運、甚至煤礦，而煤礦企業主們也許是整個資本主義世界最為人們痛恨的人了。政府還開始實施連貫的財政政策以確保英國最終恢復金本位貨幣制度。該政策要求實行穩健的貨幣緊縮措施，以消除戰爭期間迅速擴張的貨幣發行量所造成的通貨膨脹。倫敦城、階級制度以及私有化的資本主義似乎註定要無可爭辯地延續它們的統治。為了表明英國的資本主義有一張人道主義的臉，政府在1919–1920年間開始進行一系列的改革活動。的確，勞合・喬治在競選時更像是一位急於將英國建成「適合英雄生活的國土」的社會改革家，而不是決意要絞死德國皇帝或者叫嚷「對德國毫不留情」的沙文主義者。因此，大選後政府的確實施了雖然短暫但積極的計劃以擴展衛生和教育服務、提高養老金以及普及失業保險制度。這其中最突出的成就是自由黨大臣克里斯托弗・艾迪生(Christopher Addison)博士啟動的住房補貼計劃。儘管財政部很不情願支持，該計劃還是在1919–1922年間取得了建成總數超過20萬套公房的成就。雖然數量有限，但這是解決英國一個主要社會痼疾的彌足珍貴的開始。

經濟與政治問題

然而很快人們就不安地注意到，生活並沒有恢復常規，1914年之前人們熟悉而安適的生活框架不可能輕易復原。由於海外市場喪失以及為支撐戰爭而出售海外投資，英國出現了一些新的破壞性經濟問題。這一問題最不祥的表現、同時也是報紙頭條的焦點，就是國債的劇增。1914年未償還的債務為7.06億英鎊，而六年後這一數字猛增到78.75億英鎊。其結果是人們強烈呼籲在公共支出方面厲行「節約」，杜絕「浪費」，以及在1918–1919年快速通脹之後回到平衡預算和穩健的貨幣政策上來。

政治形勢也遠非正常。勞合．喬治的聯盟在不愉快的環境中上臺，因為有人批評政府在1918年的大選中搞「優惠券」陰謀。政府的當選遭到道德上的質疑。再者，作為聯合政府，發生內訌是家常便飯。在國內、國際以及帝國事務上，自由黨首相與他的保守黨同事之間一直關係緊張。勞合．喬治本身是個冷漠的、巨頭式的人物，忙於參加各種國際和談會議，與下議院若即若離。他是個沒有自己政黨的首相，一個對自己的金錢花費和性生活不檢點的冒險家，這些特點使他無法贏得普遍的信任和擁戴。所以，停戰時期的共識很快灰飛煙滅，而新的矛盾衝突取而代之。

一系列的挑戰逐漸削弱了聯合政府的執政能力。

新的格局正在成形，而且將影響英國此後20年的政治進程。左派方面，勞合．喬治受到許多自由黨人的猛烈抨擊，主要批評他對待自由貿易等廣受尊崇的傳統原則時漫不經心的態度。他在愛爾蘭的政策似乎更令人震驚，因為政府在1919–1921年間採取了毫不留情的報復政策與愛爾蘭共和軍(IRA)開戰。被派去支援英軍和警察的皇家增援部隊大開殺戒，造成許多血腥暴行。1921年12月，天生善於談判的勞合．喬治最終與新芬黨領袖阿瑟．格里菲斯(Arthur Griffith)和柯林斯締結和平條約。從1922年1月起，由愛爾蘭南部天主教的26個郡組成的愛爾蘭自由邦誕生了。僅僅東北部厄爾斯特的以新教為主的六個郡留在聯合王國。但這種態度上的大轉變(volte-face)對於修復勞合．喬治在自由派輿論中被敗壞的形象來說已經太遲了。在工黨和工會中，首相已完全喪失了長久以來建立的

勞工庇護人的聲譽。1919–1921年間，在對付煤礦工人、鐵路工人以及其他工人(甚至包括警察)的全國性罷工時，勞合．喬治的政府採取了粗暴的方式，包括動用應急權力和軍隊來阻止罷工。此後，政府沒能防止大規模失業現象(失業人數很快超過了100萬)的惡化，造成了老舊工業區的災難。政府棄用了建議在1919年對煤礦實行國有化的桑基報告，這是對煤礦工人的明顯欺騙。「黑色星期五」(1921年4月15日)「三方聯盟」的進一步削弱使礦工又一次受挫。這些事件

對工人階級的意識影響深刻。以促進國家統一和社會團結為宗旨的當選政府反而使階級分野比以往任何時候都大了。聯合政府不但受到左翼的批評，也受到右翼日益猛烈的攻擊。保守黨人渴望回歸到以前獨立政黨執政的健康制度上來，擺脱獨裁式首相及其擁護者肆無忌憚的統治方式。儘管聯合政府當政近四年，但卻已經陷入深淵，勞合．喬治本人作為首相也舉步維艱。

在這一切現象之外，最重要的是，人們普遍對和平條約及「凡爾賽體系」懷有一種幻滅的情緒。1919年的和平安排越來越不受歡迎。這種安排與英國和其同盟國在戰時的秘密協定有着千絲萬縷的聯繫，即以不公平的條件對戰敗的德國要求巨額經濟賠款並強制劃分邊界。經濟學家J.M. 凱恩斯(J. M. Keynes)所著《和平的經濟學後果》(1919年)一書最能有效地表達這種情緒。他當時是財政部的經濟顧問，但在巴黎和會期間因抗議不平等條約而辭職。這本書在大西洋兩岸很快成為暢銷之作。該書的結論是，對德國苛刻的賠款要求將會導致其經濟破產，進而造成歐洲經濟的長期衰弱。凱恩斯還用令人印象深刻的語言形象地描述了巴黎和會上混亂腐敗的氛圍。在這樣的氛圍裏，凡爾賽的和平使者們進行着各種討價還價的秘密交易。勞合．喬治被批評為「沒有根基」的人。首相在接二連三的國際會議上充當歐洲和平締造者的努力變得不受歡迎。用博納．勞的驚人之語來説，英國拒絕再充當「世界警察」。帝國也許空前強大，但要統治它英國需要從歐洲事務中抽身而退。否則，就會再次發生1914年8月的悲劇。對勞合．喬治聯合政府的最後一擊發生在1922年10月。當時英國為了保衛希臘在小亞細亞的地位以及保護達達尼爾海峽幾乎到了與土耳其開戰的邊緣。保守黨以及左翼均奮起反對這種新侵略主義的做法。政府的右翼根基由此轟然倒下。1922年10月19日，勞合．喬治黯然下臺，並由此終止了他的政治生涯。

接下來出現了對勞合．喬治政府的兩種反應。它們分別由麥克唐納和斯坦利．鮑德溫所代表。兩人在促使1922年10月勞合．喬治政府下臺的運動中均發揮了突出的作用。麥克唐納具有樂觀的烏托邦式的國際主義和「勇敢新世界」的理想主義，是日益成長的工黨完美的代言人。工黨的席位在1922年和1923年的大選中迅速增加。麥克唐納可以在克萊德賽德的社會主義與倫敦政府的傳統社會思想之間左右逢源。與此相對照的是，更有影響力的鮑德溫領導的保守黨根植於城郊體面的中產階級和正統的愛國主義，並且對戰後勞合．喬治的政治試驗和英國在外交政策上的國際冒險主義都非常警惕。鮑德溫於1923–1924、1924–1929、1935–1937年間任首相。對於渴望回歸寧靜與社會和平的英國來說，他是個合適的領導人。

圖3　約翰．梅納德．凱恩斯的卡通畫像，作者為戴維．洛(David Low)，1933年10月28日刊登在《新政治家和國家》上。凱恩斯是20世紀最有影響力的經濟學家。他的《通論》(1936年)一書使經濟學理論與政策產生了革命，而《和平的經濟學後果》(1919年)一書則傳播了人們對第一次世界大戰結果的幻滅感覺。

民族主義和藝術

公眾生活的其他方面也不斷發生變化和產生混亂。戰前的許多固定模式現在似乎都受到了侵擾。在威爾士和蘇格蘭，知識分子發起了小規模的運動，這意味着聯合王國的統一本身可能會受到威脅。兩個規模不大的民族主義政黨按照愛爾蘭的模式建立起來——1925年成立的威爾士民 族黨和1928年成立的蘇格蘭民族黨。然而，它們的意義在遙遠的未來才會顯現。

藝術方面，在文學、音樂、繪畫以及建築領域，像拉迪亞德·吉卜林(Rudyard Kipling)、托馬斯·哈代(Thomas Hardy)、愛德華·埃爾加(Edward Elgar)以及勒琴斯等戰前巨人依然活躍，從而掩蓋了先鋒派運動表達「現代主義」和反叛現實的洶湧暗流的挑戰。小説家中，詹姆斯·喬伊斯(James Joyce)和D. H.勞倫斯(D.H. Lawrence)已經完成了他們的主要作品。的確，反映戰爭歲月混亂情緒的《戀愛中的女人》在1920年出版之後，勞倫斯的後續作品似乎並不是很出色。更具創新性的作品是與「百花里」(Bloomsbury group)有關的一群知識分子和藝術家創作的。尤其值得一提的是小説家弗吉尼亞·吳爾夫(Virginia Woolf)的一系列引人注目的「意識流」作品。對人物性格的細膩描繪以及小説新奇的意識流形式證明了「現代主義」小說的活力。比較正統的是E. M.福斯特(E. M. Forster)的《印度之行》(1924年)。他與百花里有着間接的聯繫。這部小說描寫了東西方文化的互動衝突，表現出西方的自由人道主義正變得越來越不自信。詩歌方面最引人注目的開創性發展是T. S.艾略特(T. S. Eliot)的《荒原》(1922年)。這首詩的韻律和意象令人不安，其基督教的遁世主題以及個人的傷感情緒捕捉到了20年代文化的一個重要方面。除了蕭伯納(Bernard Shaw)最具哲學意味的《聖女貞德》之外，當時的戲劇幾乎沒有甚麼創新。在藝術、設計和建築方面，這同樣是個缺乏想像力的時代。像本·尼科爾森(Ben Nicholson)那樣的畫家正在探索新的風格，而其他人，如保羅·納什(Paul Nash)，顯然也是在原地踏步。在藝術界，百花里中再次出現了幾個著名的叛逆者，如藝術批評家和贊助人羅傑·弗賴(Roger Fry)，以及畫家鄧肯·格蘭特(Duncan Grant)和瓦尼莎·貝爾(Vanessa Bell)，他們都試圖打破現實主義繪畫的樊籬。的確，百花里的作家和藝術家們，以及與之關係密切的人物，如經濟學家凱恩斯，散文家利頓·斯特拉奇(Lytton Strachey)及該學派的哲學家導師G. E.摩爾(G. E. Moore)，體現了英國20年代文化舞臺的許多優勢與不足。該學派真誠希望在英國的藝術中注入歐洲大陸現代主義詩人和超現實主義藝術家們的靈感。它把對新事物的迷戀與對傳統有效的反抗結合起來，其中最能體現這種做法的是斯特拉奇對維多利亞時期女王及其他風雲人物的致命弱點的諷刺性研究。較為負面的是，百花里對藝術溝通持一種鼓勵近親聯姻、甚至是部落化的觀點；隨着時間的推移它變成了家族式的封閉小圈子。30年代的作家們將會批評該學派是新的文化集團。他們抨擊該學派對道德(而不是純美學)強調不夠，而且缺乏對政治與公眾的關心。或許，百花里的宗旨鼓勵了藝術與大眾漸行漸遠的趨勢。

雖然如此，藝術領域在表達反叛和解放方面的發展卻與當時更廣泛的社會運動相呼應。婦女先後在1918年和1928年取得了部分和全部的投票權。她們也能夠享受其他的自由權：抽煙、看電影之類的消遣、追求更加開放和不受限制的「性生活」、更為豐富大膽的衣着等。20年代回憶錄中大加讚賞的「鮮亮年輕一代」其實是有很大局限的。諾埃爾・科沃德(Noel Coward)就以這些人為對象寫了很多諷刺文章和戲劇。他們通常來自中產階級或上層社會，與私立學校、牛津和劍橋有着密切的關係。尤其是牛津成為自由文化自我表達、腐化墮落和虛無主義的中心，正如30年代它被(同樣錯誤地)認為是反戰抗議運動的中心一樣。更為古老的大學也許並不像後世神話創造者們所宣稱的那樣對整個社會造成巨大影響，當然它們確實融入了當時尚無定形的世界的試驗探索氛圍。

教會

當然，道德標準的舊裁判者的權威在戰後似乎遭遇了危機。在這方面，沒有哪個機構比教會更明顯。除了擁有堅定的愛爾蘭信眾的羅馬天主教會，其他教會顯然都是全面戰爭的受害者。在維多利亞鼎盛時代對許多人來說是道德燈塔的各種新教教堂，現在遭遇到信奉者減少、資金緊縮以及權威削弱的情況。即使在教會視為堡壘的威爾士和北方地區，其威信也出現了逐漸衰退。更嚴重的是，戰爭造成的對清教主義和安息日習俗的挑戰在很大程度上削弱了教會本可以使用的懲戒措施。戰後的英國國教也很難繼續發揮其既定的全國性作用。蘭德爾·戴維森(Randall Davidson)和科斯莫·朗格(Cosmo Lang)等大主教宣揚回歸傳統道德秩序，但是他們傳達的信息似乎越來越蒼白無力。

從正式意義上講，英國仍是一個明顯的基督教國家。其教會領袖仍然受到尊崇，並且與王室以及擁有土地的貴族聯繫密切。星期日仍然安靜肅穆——列車停駛，商鋪與劇院歇業，威爾士和蘇格蘭的酒館也關門謝客。1927–1928年對英國國教祈禱書的修改引起了激烈的公眾辯論；教會內部盎格魯天主教與新教福音派之間的戰火又重新燃起。正如新成立的英國廣播公司的宗教節目後來表明的那樣，教會仍然認同中產階級價值觀、家庭、社區以及正統的愛國主義。同樣，通過諸如童子軍和教會旅這樣的青少年活動，教會也和帝國聯繫在一起。戰爭本身鼓勵了一種世俗的宗教形式，體現在勒琴斯在白廳為陣亡將士豎立的紀念碑和一年一度的陣亡將士紀念日儀式上。然而，儘管各種正式儀式提醒人們不要忘記他們幾個世紀來的宗教傳統，基督教的影響力和神秘性正在顯著消退，尤其是對戰後的一代人和退伍軍人來說。

大罷工

教會對影響歷史進程的無能為力戲劇性地表現在1926年大罷工事件上。那一年，工業衰退、失業率上升以及社會積怨所構成的可怕怪圈導致了英國有史以來最糟糕的階級衝突。1919–1921年的大罷工已成為歷史。鮑德溫首相在祈禱：「主啊，賜給我們時代和平」。但是在英國最大的工業——煤礦領域，工資減少、工人失業以及礦區家庭生活水平下降等因素造成了持續的緊張局勢。1926年4月，政府拒絕繼續給予煤礦工業補貼。5月2日，鮑德溫與英國工會聯盟(TUC)代表團的談判破裂。由此，工會幾乎是突發性地發動了一場大罷工。連續9天(5月3–12日)全國實際處於癱瘓狀態。工會挑戰政府與憲法秩序的經濟力量從未像現在這樣顯示出它的威力。教會領袖們呼籲雙方和解的努力顯得尤其有氣無力。

實際上，這場大罷工進行得足夠平和。沒有發生針對罷工破壞者的暴力行為(這些人員還包括因此而停課的許多牛津和劍橋的大學生們)。罷工破壞者們開動公交車並從事其他反罷工的活動。罷工者與警察和武裝部隊之間也沒有發生暴力衝突。最後，TUC在5月12日取消了罷工令，約克郡、卡姆布里亞、泰尼塞德、南威爾士以及蘇格蘭工業區一如既往地服從了決定，而幾個關鍵的工人團體(如電力工程師團體)自始至終都沒有參加罷工。這是工會的一場徹底的失敗，尤其是對於煤礦工人來說，他們又痛苦地堅持罷工達數月之久。英國的階級戰爭成了一場短暫而沒有流血的衝突。對於旁觀的中產階級來說，它無關痛癢，甚至顯得很有趣。

然而很明顯，大罷工所揭示和加深的裂痕成為以後20多年裏持續影響全國團結的重要因素。直到1984–1985年全國煤礦工人大罷工時，1926年的情景——當時的勝利與背叛——對英國煤礦工人來說也還歷歷在目。在1926年的形勢下，大罷工是沒有成效的。當時，工會本身三心二意，政府則準備充分(一些閣員，如財政大臣丘吉爾)甚至蓄意挑釁。但是，1926年——一位威爾士礦工後來在回憶中稱之為「元年」——的確展示了英國工人階級內部非凡的忠誠和階級團結。這不僅表現在較老的採礦、鋼鐵和造船領域，也表現在公路、鐵路運輸和銷售等「半技術」行業的新型服務業工人中。即使沒有發生暴力衝突，國內的階級分野也昭然若揭。人們對警察或公務員所宣稱的嚴守中立的態度表現出深度的懷疑，甚至對事實上頂着政府壓力努力保持其獨立性的、新成立的英國廣播公司的立場也表示懷疑。在礦區，大罷工帶來的後果是礦主對罷工者的懲處、工資的大幅削減以及削弱工人的喉舌礦工聯盟的企圖。如果說像阿瑟·庫克(Arthur Cook)那樣具有煽動性的礦工領袖靠邊站了的話，工會和工黨的繼任者們對公然扭曲工作報酬與機會的社會體系也沒有表現出多大的容忍度。這對戰爭年月建立起來的所謂社會團結是個極大的諷刺。當英國繼續艱難地度過經濟大蕭條的歲月時，大罷工的記憶與階級抗爭的傳統也在延續下去。

社會分野

20年代後期，國家的局勢終於安定下來，並一直持續到40年代。人口繼續增加，雖然更加緩慢。英國人口從1911年的4,083.1萬增加到1921年的4,276.9萬和1931年人口普查時的4,479.5萬。但是人口中存在着日益深刻的差異，正像喬治·奧威爾(George Orwell)那樣的年輕一代作家後來所強調的那樣。對於英格蘭南部和中部的大部分地區來說，20年代是個日益滿足和繁榮的時代。出現了許多以城市中產階級房產為主的房地產開發。這源於1919–1921年有始無終的艾迪生住房計劃以及後來內維爾·張伯倫給予私人房地產開發商直接補貼的計劃。戰後人口中很大一部分人滿懷着中產階級的夢想——擁有自己的住房、安靜的家庭環境、更多的休閒追求(例如，到1930年時英國私人汽車的擁有量就超過了100萬輛，其中最為著名的是「寶貝」奧斯汀牌汽車)，以及各種便捷的家用機電設備，如胡佛電動吸塵器。英國廣播公司將娛樂與教育節目送到私人家庭裏，這顯示出了廣播的影響力。對於1880年至1918年間急劇擴張的白領行政與專業人員階層(包括初級經理人員、公務員、學校教師、熟練工人等)來說，20年代並不是很糟糕，因為物價開始下降，房屋能以分期付款的方式更加輕易地獲得，此外還有更多的休閒活動可以追求。更新的、採用先進技術的產業如雨後春筍般湧現出來，其中最引人注目的是赫伯特·奧斯汀(Herbert Austin)在英格蘭中部地區的朗布里奇以及威廉·莫里斯(William Morris)在牛津附近的考利建成的現代化汽車廠。在它們的周圍，居住於城市郊區這種新生活方式繁榮起來。對這一部分人來說，在經歷了令人厭惡的戰爭與大罷工的不安刺激之後，由熱愛自然的首相鮑德溫所宣揚的「安定為先」理念和他所象徵的日常安穩價值觀似乎更有吸引力。

然而對於許多其他地區來說，這是一個令人逐漸絕望和幻滅的時代。例如，在戰後短暫而忙亂的恢復

圖4 1929年牛津考利的莫里斯汽車廠的批量生產。在這裏，車身在第一次噴漆後進行進一步的打磨。由威廉·莫里斯在考利以及赫伯特·奧斯汀在朗布里奇創立的汽車工業對20年代英國的經濟生活和休閒方式產生了巨大的影響。

之後，英國的鄉村深陷於20年代的經濟大蕭條之中。農村人口逐步減少，尤其是在英格蘭南部以機械化農業為主的小麥種植區。農產品價格下降；農村收入水平降低；從蘇格蘭高地到英格蘭的康沃爾，鄉村小鎮的活力蕩然無存。表面上，英國的鄉村生活保存了自身不變的傳統面貌；1918–1926年間發生的「綠色革命」極大地增加了小型農場主的數量，這是自諾曼征服以來在土地所有權方面最大的變革。但在這一切表層之下掩蓋着的是負債的模式、月供和銀行貸款的負擔以及城市與鄉村之間在生活質量上日益擴大的差距。因為大多數的英國文學作品是以鄉村作為基本參照系的，所以這些現象暗含着嚴肅的文化與社會意義。

在老舊工業區，尤其是英格蘭北部和東北部、威爾士南部工業區、蘇格蘭中部克萊德賽德一帶，以及愛爾蘭海對岸貝爾法斯特的貧民窟裏，這是一個令人極其痛苦絕望的時代。20年代工人階級住房和生活條件的不足和貧瘠日益為人們所注意。同時像賈羅、威根和梅瑟蒂德菲爾這樣的老舊工業區的環境日益惡化。伴隨住房潮濕骯髒、學校和公共服務匱乏等惡劣條件的，是兒童患病與死亡率、中年人肺結核、礦工肺病以及老年人殘疾等數字的驚人上升。英格蘭北部、威爾士和蘇格蘭老舊工業區居民的平均壽命遠遠低於英格蘭東南部和英格蘭中西部的鄉鎮和溫泉區。20年代的社會鴻溝比以往任何時代都大。這一狀況又因鋼鐵、造船和煤礦等傳統行業因缺乏投資而造成的失業率上升而加劇。1925年回歸戰前實行的金本位制的決定是由財政大臣丘吉爾作出的。該政策(事後)受到凱恩斯的嚴厲批評，但卻得到正統經濟學家和工商界人士的廣泛支持。金本位制意味着對英國煤炭與鋼鐵出口價值的嚴重高估以及這些行業工人失業率的進一步攀升。至於在教育和醫療設施以及諸如圖書館、游泳池、公園等公共設施的質量方面，鮑德溫安靜領導下的英國實際上存在着比以往更加明顯的社會分野。所謂「安定為先」的時代，以及它所包含的一切世俗化，(根據社會主義經濟歷史學家R. H.托尼[R. H. Tawney]在1929年發表的一些著名演講的說法)意味着一種新的「不平等宗教」的建立。其中的突出特點之一就是全國三分之二的社會財富為40萬人(不到總人口的百分之一)所佔有，與之相伴的是整個社會在生活質量上的巨大差距。

傳統秩序

雖然如此，令人詫異的是，當時日漸擴大的社會分野幾乎沒有引起反叛與抗議。其部分原因是，工人階級世界的溫暖與團結使其生髮出自己的價值觀、文化和娛樂活動，甚至在大蕭條時期也是如此。那個時期的遺跡——工人俱樂部和圖書館，充滿活力的礦工生活區、合唱團和銅管樂隊，工人社區「互助會」提供的信貸基礎——現在人們甚至在《加冕街》那樣的肥皂劇中看來都顯得那麼遙遠和無關緊要。但是它們確實見證了那些黑暗歲月裏工人階級生活的力量和樂觀主義。大眾娛樂這劑止痛藥也為統治者們所提倡，以促進愛國忠誠。這種「麵包加馬戲團」的傳統源於維多利亞時期的音樂廳。其中的許多明星，如喬治·羅比(George Robey，他拒絕了王室加封的爵士頭銜)，當時仍然很受歡迎。但是這種藝術形式正快速地被新的無聲和有聲電影所取代——查理·卓別林(Charlie Chaplin)和瑪麗·碧克馥(Mary Pickford)的電影成為音樂廳的新寵。英國之所以能保持相對和平與統一，除了英國工人階級天生的韌性和尊嚴，還有其他因素。這些因素或許應該歸功於當時廣受詬病的政府。張伯倫在擔任衛生大臣期間(1924–1929)很有積極性和創造性，他最引人注目的舉措是廢止了舊的《窮人法》，這是一項里程碑式的成就。戴鴨舌帽的工人足球迷和郊區房地產開發潮中追求新型生活方式的新興中產階級被共同的愛國主義價值觀聯繫在一起。熟悉的符號象徵可以將他們團結起來——也許是一直深受歡迎的喬治五世(George V)，也許是鮑德溫平和而缺乏激情的許諾。1925年在新建成的溫布利體育場舉行的帝國博覽會是讓整個國家驕傲自豪的事件。20年代的體育英雄當屬傑克·霍布斯(Jack Hobbs)——一位來自英格蘭薩裏郡的板球擊球手。他在1925年打破了由傳奇人物W. G.格雷斯(W. G. Grace)保持了數百年之久的擊球紀錄(125個)。謙遜、平和、篤信宗教、滴酒不沾以及家庭中模範男人的品德使傑克·霍布斯成為忠於國王和國家的典範人物。他是職業「球員」，但卻安於被公學的「紳士們」這些業餘選手領導(他們由不同的門進入貴族賽場)。他打球恪守規則，總是毫無怨言地接受裁判的裁決，不管這些裁決多麼錯誤和令人失望。在戰後社會轉型的大潮中，霍布斯平和、善良的品格為努力保持傳統秩序的英國社會提供了一個人人可以接受的標準。

第三章
30年代

20年代在懷舊和創新的迷茫氣氛中結束。「上流社會」和宮廷生活的浮華富足與以往一樣絢麗多彩。香煙卡和雜誌上充滿了對社會名流的個人魅力的溢美之詞，例如年事已高的茶葉巨頭「湯米」利普頓(Lipton)和倫敦德里夫人(Lady Londonderry)那樣的派對女主人。其他領域也有人們熟悉的巨匠。埃爾加直到1934年一直擔任國王的御用音樂家；吉卜林的活躍創作延續到1936年；享有高 、滿載榮譽的哈代於1928年逝世。「安定為先」的氛圍只允許最保守形式的創新。這種政策在20年代後期的政治代表人物是工黨領袖麥克唐納。他受命於1929年組建了第二屆工黨政府。麥克唐納具有1914–1918年期間參加反戰抗議運動的背景，但作為大罷工期間給人以安全感的人物、社會主義極端派的代表以及上流社會沙龍的常客，他似乎與貴族社會有着密切的聯繫。作為被允許的叛逆者，麥克唐納是傾向於穩健變革的英國社會象徵性的安全人物。當時勞合·喬治已淪為備受孤立的老派人物，丘吉爾則因其對印度自治的強硬態度游離於保守黨主流之外。所以麥克唐納似乎是一個可以引導英國社會向着既定目標穩健前進的可靠人選。

第二屆工黨政府

事實上，第二屆工黨政府被證實是個災難。主要原因在於政治控制力之外的因素。面對1929年10月美國證券交易所的崩盤和隨之而來的貿易與就業率銳減，任何政府都無能為力。工黨政府顯然無法提供社會主義式的或其他任何形式的政策來緩解加劇惡化的失業問題。加入保險的失業人口在1932年後期達到了接近300萬的頂峰。儘管失業人數在30年代晚期逐漸下降，實際上工業停滯和社會衰退仍在繼續。除了生產過剩和需求滑坡等世界性的因素，英國還有着自己的獨特原因。英國的產業結構過度集中於傳統的夕陽行業，例如煤炭、鋼鐵、紡織以及造船，而且一直存在着投資少、人員過剩以及工作效率低的問題。這些問題又因數十年來強調人文精神、培養紳士而不注重商業教育和企業家技能培養的傳統而加劇。所以整個工業和製造業基礎發生了劇烈的萎縮。直到1935年，人們還看不到復蘇的跡象。在此之前，人們早已對礦區和其他地區的絕望、對失業者的反饑餓遊行和示威、對意味着無助和無望的「靠救濟生活」等現象司空見慣和熟視無睹了。

有些人認為英國需要一種新的政治動力來重啟和振興國家和經濟，並且推動它們向新的方向發展。在左翼一派的中心，30年代時的勞合．喬治年事已高，只是個不大受人重視的預言家。他敦促政府實行美國式的「新政」。在極左翼，人們提出了各種各樣的主張，從主張集體主義的社會主義聯盟，到後來的左翼圖書俱樂部，再到弱小的共產黨的純宗派主義。西德尼(Sidney)和比阿特麗斯．韋布認為蘇俄式的制度才有未來。在極右陣營，奧斯瓦爾德．莫斯利爵士(Sir Oswald Mosley)先後脫離了保守黨和工黨。他試圖建立一種混合了企業計劃制和反猶太主義的英國版法西斯主義。與此同時，老派的社會主義作家，如蕭伯納和H. G. 韋爾斯(H. G. Wells)，則以不同的方式推銷一種有計劃的、單純的科學烏托邦制度。但是最受歡迎的解決方案仍須在英國政治體制的傳統框架內尋找。到1931年8月時，麥克唐納的工黨政府顯然已經陷入了生死存亡的危機。危機的到來是以英鎊的大幅貶值為標誌的，五月報告隨之發佈，宣稱政府的高額花費和預算失衡是造成工業癱瘓的根本原因。報告敦促政府削減社會開支，包括失業者賴以生存的社會福利開支。內閣出現了不可挽回的分歧，而銀行家與英國工會聯盟之間的鬥爭又使形勢進一步惡化。8月23日，麥克唐納辭職。

國民內閣

然而，第二天早上麥克唐納並沒有被保守黨-自由黨組成的政府所取代，而是繼續擔任新的「國民內閣」的首相，只不過幾乎所有他的工黨同事都將被新政府排除在外。在隨後於10月舉行的大選中，新政府(這屆政府後來取消了英國的金本位制並使英鎊貶值)以556個席位的壓倒性多數重新當選。工黨的議席減少至51個；幾乎其全部重要前閣員在大選中均遭失敗。這屆國民內閣將為30年代的英國定下基調，而其象徵性的首腦麥克唐納逐漸從政治舞臺上淡出，成為日益可悲的人物。鮑德溫則堅持到1937年。那時他仍然能集聚足夠的政治力量和謀略。例如，1935年他推動議會通過了給予印度更多自治權的法案；1936年，當尚未加冕的愛德華八世既想繼承王位又想與離過婚的美國女人沃利斯·辛普森(Wallis Simpson)結婚而違反政治慣例與政府產生矛盾時，鮑德溫自始至終都佔據上風。但是這屆政府的主要力量來自於保守黨自身。該黨摒棄了維多利亞時代鄉紳的刻板形象，轉而形成了一種新的技術官僚的風格。其中佔主導地位的是張伯倫。他是著名的伯明翰集團的繼承人，無論在國內還是(後來)在國外，他在30年代的政治生活中都是一個突出人物。正是張伯倫領導了30年代早期英國經濟的部分復蘇。政府對住房與耐用消費品進行了大量投資，英格蘭中東部地區和英格蘭南部的先進工業區出現了新的富足現象。諸如南威爾士、達勒姆、坎伯蘭以及蘇格蘭等老工業區出現的人口流失則因為城市郊區和輕工業中心的新增長而得到平衡。政府採用了鮮明的、管理和管制的風格，在經濟政策上走的是「中間路線」。農場主們從牛奶和其他市場計劃以及生產配額中得到了實惠，而城市城郊居民得到的好處則表現為改進的交通(最明顯的例子是倫敦的地鐵)、擴展的煤氣和電力服務以及廉價的住房。在1932年的渥太華會議上，英國放棄了奉行長達一個世紀之久的自由貿易政策。新啟動的關税政策與帝國特惠的商業體系持續運行到70年代。關税對英國經濟的影響引起了深刻的爭論，但是壟斷化了的鋼鐵工業成為顯現出盈利跡象的工業巨人。選民們因此對國民內閣充滿了感激之情。他們在1935年的大選中再次選擇了國民內閣 —— 此時幾乎是清一色的保守黨人 —— 並給予張伯倫的管理式的保守主義政治主張廣泛的支持。這種支持一直持續到在外交政策上出現新分歧的30年代末。

階級與地區差異

國民內閣的政治極為明確且毫不愧疚地建立在階級差異和地區分野的基礎上。老舊工業區被置於「特別地區」計劃的保護下。按當時流行的說法，工業化的蘇格蘭、英格蘭東北部、坎布里亞郡、約克郡和蘭開夏郡的大部分地區以及南威爾士屬「蕭條地區」並且自我封閉。只有當來自這些地區的難民出現在倫敦和伯明翰街頭參加反饑餓遊行或向劇院觀眾隊伍乞討時，外部世界才注意到它們的存在。這些所謂的「蕭條地區」的生活方式是具有諷刺意味的自力更生。在這些地區，工業正在萎縮，意味着其應稅收入的進一步下降；而這又意味着社區設施的進一步破敗、工業衰落速度加劇，這樣整個循環怪圈比以往更加嚴重。

當時最具影響力的一些文學作品——喬治·奧威爾的有些晦澀難懂的長篇小說《通往威根碼頭之路》、沃爾特·格林伍德(Walter Greenwood)充滿同情心的《救濟之愛》、劉易斯·瓊斯(Lewis Jones)在《馬爾蒂》和《我們活着》中對威爾士礦區生活的描述——深刻揭露了這種結構性貧困對當時社會與文化造成的影響。但是政府幾乎沒有採取任何措施從根源上解決問題。當地的貴格教徒們和其他理想主義者有一些慈善之舉。政府通過從特別地區的收益提供了一些援助，但是實質上政府沒有採用任何新的地區政策來徹底改造這些地區的工業基地並使其多樣化。托馬斯·瓊斯(Thomas Jones)諷刺性地建議將這些地區改成露天考古博物館，而這些地區的居民們則可乘火車去往達格納姆或豪恩斯洛等地獲取工作。政府也提出了建立商貿機構的新計劃，這些商貿機構對集體搬入老舊工業區的企業家們提供便宜的房產稅或優惠投資貸款。例如白金漢郡的斯勞鎮就成為30年代大量工業活動的焦點，雖然它醜陋的建築成為約翰．貝奇曼(John Betjeman)毫不留情冷嘲熱諷的對象。但是總的來說，財政部與英格蘭銀行聯合採取的緊縮政策以及政府的缺乏緊迫感使這些主要工業區沒有得到有效的支持。直到1935年國防白皮書發表之後，在重新備戰的影響下，對工程與飛機製造的重視才使就業有了實質性的改善。

然而，受到大蕭條衝擊的工業化地區被冷落的主要原因是這些地區相對自足且規模有限。英國其他地區的大部分人口發現大戰浩劫之後的生活還過得去，並且在許多方面還相當令人愉悅。30年代通貨膨脹率很低，私有住房便宜，而且消費者的選擇越來越多。1933年至1937年之間，年平均建造住宅達34.5萬套。汽車工業以及電氣、化工和紡織工業的大公司出現了持續繁榮。在英格蘭中部地區，像萊斯特和考文垂這樣的城市經歷了前所未有的增長和富足。生活的回報從未像現在這樣明顯。赫伯特．查普曼(Herbert Chapman)的阿仙奴足球隊的職業球員們儘管報酬不高，但卻頓頓吃牛排、喝香檳。在外倫敦地區，地鐵在擴展，向北通到赫特福德郡邊緣的柯克佛斯特，向西通到白金漢郡邊界的阿克斯布里奇，這表明了白領人口在服務和專業領域的擴張。在亨登、哈羅和金斯伯里等成長中的郊區出現了方便的購物區以及許多電影院和足球場。中產階級缺乏規劃的半獨立式房屋帶沿着交通主幹道延伸，直到周圍的鄉村，並沒有受到旨在保護城市周圍「綠化帶」的環境控制計劃的多少限制。倫敦市郊的西大道成為無控制的產業與住宅開發的笑柄，充斥着毫無風格依據的各種工廠(具有諷刺意味的是，後來的一代經常認為這些建築是現代藝術的里程碑)。如果對30年代大失業與大蕭條中英國缺乏社會變革的一種解釋是人們對這些老舊工業區的政治與經濟缺少關注，那麼另一種解釋則是大戰浩劫後相對未受影響的人口中越來越多的人持續追求令人愜意的市郊生活方式。

因此，30年代的英國在歐洲展示了令人驚異的穩定局面，而歐洲大陸則目睹了被極權與獨裁塗炭的德國、意大利和奧地利，以及陷入混亂的法蘭西與西班牙共和國。英國的社會與文化等級制度變化極小。議會、法庭以及以公學為基礎的高度分層教育體系(以牛津與劍橋為主導)的聲望和以往一樣高。君主制通過巧妙回應大眾民主面貌的微小變化而保持了自己的威信，其中的範例之一是喬治五世出席一年一度的工人節——溫布利體育場足球決賽。國王1935年的銀婚紀念引發了全國性的歡慶。即使與愛德華八世遜位有關的短暫危機也基本未對君主製造成破壞。英國悠然地孤立於歐洲大陸之外，而這塊大陸正被英國人知之甚少的遙遠民族鬧得四分五裂。

藝術

在藝術領域，30年代在許多方面都是一段極為繁盛且富有創造力的時期。在詩歌方面，最重要的人物仍然是艾略特，他是一個出生於美國的保守派盎格魯天主教徒。他的《四個四重奏》在1930年開始發表，並一直引人注意地延續到第二次世界大戰時期。事實上，艾略特對戲劇這種藝術形式的興趣越來越濃，並出版了《教堂裏的謀殺》(1935年)。此劇對托馬斯・貝克特(Thomas Becket)的殉難進行了有力的評說。然而，這一時期最有影響力的作家對20年代百花里不問世事的價值觀均進行了嚴厲的批評。在時代的漩渦中，更年輕的詩人，如W. H.奧登(W. H. Auden)、斯蒂芬・斯彭德(Stephen Spender)、塞西爾・戴-劉易斯(Cecil Day-Lewis)以及路易斯・麥克尼斯(Louis MacNeice)等，則反映了時代的政治激情。奧登著名的詩篇《西班牙》(1937年)的靈感源於他本人對西班牙內戰的短暫參與，頗能代表當時的文學氛圍。值得注意的是，如果沒能成為共產主義者的話，所有這些年輕詩人都對新馬克思主義抱有好感。與此相反，當時更有才華的兩位小説家伊夫林・沃(Evelyn Waugh)和格雷厄姆・格林(Graham Greene)儘管具有不同的政治面目，都皈依了羅馬天主教。

30年代英國的音樂成就則不那麼突出。國王的御用樂師埃爾加於1934年去世，但事實上自從1919年創作悲情淒涼的大提琴協奏曲之後，他幾乎沒有再創作甚麼重要作品。古斯塔夫・霍爾斯特(Gustav Holst)和弗雷德里克・戴流士(Frederick Delius)的浪漫音樂不得不與伊戈爾・斯特拉溫斯基(Igor Stravinsky)和阿諾德・舍恩伯格(Arnold Schoenberg)的追隨者們無調性甚至無結構的實驗作品競爭。用全音階技巧進行當代創作但卻深深根植於英國風格和主題的阿諾德・巴克斯(Arnold Bax)和拉爾夫・沃恩・威廉斯(Ralph Vaughan Williams)的交響詩向人們展示，現代形式可以和民族音樂傳統相結合。

在視覺藝術領域，30年代在雕塑和繪畫方面都是個令人激動且充滿創新的時代。亨利・摩爾(Henry Moore) 的作品開創性地為英國雕塑帶來了新的生機。他是約克郡一位礦工的兒子，雅各布・愛潑斯坦(Jacob Epstein) 的學生。另一位先鋒則是畫家本・尼科爾森的妻子芭芭拉・赫普沃思(Barbara Hepworth)。這段時期英國的繪畫也很有活力，例如斯坦利・斯潘塞(Stanley Spencer) 鄉村風格的基督教象徵主義以及納什與法國超現實主義的成功結合。有了在建築和設計方面急需的創新，30年代英國的面貌總的來説比以前更好看了，這是自從諾曼・肖(Norman Shaw)、查爾斯・沃伊齊(Charles Voysey)和查爾斯・倫尼・麥金托什(Charles Rennie Mackintosh) 在1914年之前創造輝煌以來從未有過的景象。從體現沃爾特·格羅皮厄斯(Walter Gropius)和德國包豪斯建築學派影響的戲劇性公共建築，到具有新藝術或裝飾格調的工業廠房和奧迪恩連鎖影院，再到像弗蘭克·皮克(Frank Pick)和查爾斯·霍爾頓(Charles Holden)為倫敦交通局設計的新地鐵站那樣世俗但卻地標式的建築，英國的建築在許多方面背離了傳統，做到了真正意義上的解放。在普通人能夠參與的水平，皇家學會與亨利·伍德爵士(Sir Henry Wood)在皇家阿爾伯特音樂廳舉行的「舞會」音樂會所展現的新生活標誌着一定的文化進步，如果說還達不到文化革命的程度的話。

外交

因此除了老舊工業區之外，30年代的英國從很多方面來說都是個保持着內部和平的國度，而且由於一些文化想像力而充滿了活力。但是這種氛圍在1937年陡然發生了轉變，不是因為國內的不團結或對此的重新評價，而是因為外交事務上的外來衝擊。20和30年代英國內部的和諧建立在一種平靜外交政策的基礎之上。這種由凱恩斯1919年所倡導，並且使勞合·喬治在1922年下臺的氛圍瀰漫於整個社會。右翼採取的對外不進行軍事干涉和冒險的方針遭到了左翼的強烈反駁。他們認為1919年的和平安排是報復性的，並且在道德上站不住腳，這是國家利益與帝國利益對抗的產物，而不是政府真正渴望一個更加和諧的世界。20年代，英國的國防力量逐漸削弱，而這幾乎沒有受到公眾的反對。其根基在於「十年之內」不會發生世界大戰的前提設想。在這個時期，戰艦的數量尤其遭到當時的財政大臣丘吉爾的削減。剛剛竣工的新加坡巨型海軍基地已然成為不合時代的東西。主要的軍事投入是在印度的統治，但是對聖雄甘地和國大黨運動的逐漸和部分的容忍使英國在南亞次大陸的駐軍從1925年的5.7萬緩慢減少到1938年的5.1萬人。同樣，與愛爾蘭自由邦日漸和諧的關係導致了1936年英愛「協議」的簽署以及實際上免除愛爾蘭所欠英國的所有債務。這極大地消除了軍事或海軍開支的另一個潛在來源。

甚至在1933年1月阿道夫·希特勒(Adolf Hitler)就任德國總理之後，30年代初期英國公眾的情緒仍然是被動的。除了歐內斯特·貝文(Ernest Bevin)領導的運輸與普通工人工會等少數例外，英國的勞工運動是傾向於和平解決爭端的。貝文的工會則堅決反對右翼國民政府進行的軍備評估。在代表社會主義的左翼，斯塔福德·克里普斯爵士(Sir Stafford Cripps)等人民陣線的代言人則敦促與蘇聯結盟並且主張只有社會主義才是解決國際紛爭的真正良方。與此相反，大多數保守黨人不希望採取冒進的外交政策，尤其是鮑德溫，他使人們相信未來真正意義上的國防是不可能的，因為防禦將主要由空軍的力量來決定。轟炸機總是能夠突破防線。對於1931年的滿洲危機[1] 或1935年的阿比西尼亞危機，英國保守派政府對維護國際聯盟的權威缺乏起碼的興趣。右翼人士，特別是一些報業大亨們，宣稱大不列顛與希特勒的德國之間有着同源於條頓民族以及反共產主義的共同基礎。在泰晤士河畔馬洛附近，貴族阿斯特(Astor)夫婦的克萊夫登莊園，成為一個包括了政客與新聞記者等各色成員的團體經常光顧的理想地方。人們普遍認為這個團體改變了外交部的政策，使之朝着他們希望的方向發展。

當行動的時機來臨時，公眾仍持反對意見。希特勒於1936年初將軍隊開到了萊茵河畔，直接違反了《凡爾賽公約》不許駐軍的規定。當時只有像遭到孤立而且不受歡迎的丘吉爾等少數人呼籲英國對此採取軍事回應。更早些時候，英國公眾，儘管非常尷尬，普遍認可了外交部對意大利入侵阿比西尼亞後採取的綏靖政策。事實上，意大利佔領非洲之角這個古老帝國時，英國幾乎沒有進行經濟與軍事干預。英國對國際聯盟和集體安全的原則進行過正式承諾，但事實上沒有起多大作用。外交大臣塞繆爾・霍爾爵士(Sir Samuel Hoare)充當了阿比西尼亞危機的替罪羊，但是對貝尼托・墨索里尼(Benito Mussolini)領導下的意大利採取綏靖政策很明顯是政府的集體決定。現有的內閣

1　滿洲危機：指日本侵略軍侵佔中國東北廣大地區的「九・一八」事變。

記錄證實了這一點。不管怎麼説，幾個月後霍爾重新進入政府，而且沒有受到甚麼反對。當西班牙民選的左翼共和政府遭到佛朗哥(Franco)將軍領導的右翼民族主義部隊入侵，並且該侵略行為後來進一步得到了意大利和德國的軍事援助時，英國政府再次死板地採取了「不干涉」政策，即使這意味着西班牙民主的最終覆滅。1937年10月，自信的政治強人張伯倫取代了推行被動無為的綏靖主義的鮑德溫。張伯倫積極主動地尋求與法西斯獨裁者妥協，這代表了英國對歐洲不干涉主義情緒的增長。政府官員中的關鍵人物，如霍勒斯・威爾遜爵士(Sir Horace Wilson)和內維爾・亨德森爵士(Sir Nevile Henderson, 英國駐柏林大使)，對這一政策起了推波助瀾的作用。

公眾情緒的變化

然而在各種不同的層次，公眾的情緒突然開始轉變。甚至政府也開始轉變觀念，認識到加強國家防禦系統的需要，尤其是在空軍方面。從1935年起，以新型戰機為基礎的空軍正在形成，這種機型由投入到雷達系統的最新科技以及其他防空防禦系統作為後援。通過像亨利・蒂澤德(Henry Tizard)和他的對手弗雷德里克・林德曼(Frederick Lindemann)等人的努力，科學創新的呼籲又一次零星地傳到了權力階層那裏。

到了1937年，重整軍備的計劃已經依稀可見，雖然財政部由於擔心預算的平衡極力阻撓該計劃。現在已知的情況是，當時僅與美國私下達成的財政援助安排就足以支持經濟困難的英國實施擴軍計劃。在更廣的範圍裏，公眾的心理已被西班牙內戰事件所深深觸動。不僅僅是詩人奧登或散文作家奧威爾這樣的人物，連許多參加過國際縱隊的英國工人志願者都傾向於對國際主義作出新的承諾。來自德國的猶太難民使英國人認識到了希特勒政權及反猶主義的現實。甚至工黨的左派，如工會領袖貝文和沃爾特．西特林(Walter Citrine)，也轉而竭力反對工黨政客的新和平主義。這些政客沒有向被法西斯德國和奧地利鎮壓的工會和勞工組織提供武裝援助。張伯倫的平衡主義更難維持了。特別是作為首相，他缺乏靈活性。德國在1938年的武裝推進、吞併奧地利以及隨之而來以波希米亞西部蘇台德地區德國人的利益為藉口對捷克斯洛伐克的威脅，導致了英國國民良心上的危機。張伯倫對此表現出了處理上的決斷性。在貝希特斯加登、巴特戈德斯貝格以及最終在1938年的慕尼黑，張伯倫與希特勒達成了妥協協議。事實上，張伯倫允許德國人選擇在任何時間去吞併蘇台德地區而法英兩國不會進行軍事報復。在短時間裏，這種投降政策似乎反映了公眾的心態。張伯倫帶着勝利的成果回到英國，以一種不祥的語句宣佈，《慕尼黑協議》將給一代人帶來和平。但是這種放棄責任的行為已不能自圓其說。有人認為張伯倫是在製造喘息的空間，以使英國以後能夠以更有力的軍事條件挑戰德國。但是內閣討論的記錄並沒有找到支持此種說法的證據。丘吉爾和他的幕僚、甚至因抗議張伯倫的外交政策而從外交部辭職的艾登(Eden)等人的批評則與公眾的情緒更加一致。到了1938年底，當《慕尼黑協議》意味着犧牲捷克斯洛伐克的民主以滿足德國武裝擴張的事實昭然若揭時，英國人的憤怒情緒是非常強烈的。僅僅幾個月前，張伯倫還是一個呼風喚雨的人物，被認為是自1916年勞合·喬治以來最有權勢的首相。而現在，他卻像個要落荒而逃的人。擴軍備戰提到議事日程上來，政府與工程工會進行了新的磋商，以便提高軍火與飛機的產量。

當希特勒最終於1939年3月入侵布拉格時，公眾的憤怒爆發了。鑒於蘇聯不能承諾協助保護波蘭的東部邊界，外部壓力迫使張伯倫承諾在軍事上保衛這個遠離英國的東歐國家。自1812年半島戰爭以來英國保持了一個世紀之久的對歐洲大陸不干預的政策現在突然發生了逆轉。政府幾乎被可怕的公眾意見嚇倒了。政府甚至正式嘗試與蘇聯結盟，但進展太慢而最終以蘇聯在8月與德國訂立互不侵犯條約而告終。整個夏季，全國沉浸在一種決心集中國家和帝國的全部資源抵抗德國侵略的新情緒中。1939年9月1日，希特勒發動了決定其命運的對波蘭的入侵。幾次與德國進行的最後談判失敗後，張伯倫在9月3日廣播宣佈了英國對德國的宣戰。在這一點上全國的意見是一致的，甚至弱小的共產黨也給予了支持。該黨許多領導人反對莫斯科的官方路線並投身於反法西斯事業。在下議院，工黨議員阿瑟·格林伍德(Arthur Greenwood)「代表英格蘭」的發言後來證明也代表了威爾士、蘇格蘭、北愛爾蘭以及所有自治領的聲音。

在綏靖政策論爭的最後階段，公眾辯論的氣氛史無前例地激烈。30年代初期的平和自足被拋到了一邊。在涉及到無盡的失業悲劇、「救濟」醜聞以及「救濟資格審查」等問題上，國民內閣與工黨一直針鋒相對。除此之外，右翼內部也存在巨大分歧。分歧的雙方是張伯倫、西蒙、塞繆爾·霍爾等《慕尼黑協議》締結者及其追隨者和以丘吉爾為首的譴責懦弱可恥的綏靖政策的民族主義批評者們。捷克斯洛伐克等事件的深遠影響把左派和右派的抗議者們越拉越近，而這一點是西班牙和阿比西尼亞事件所沒能做到的。國內和國際衝突彙聚成一股波濤洶湧的激流。張伯倫這位30年代繁榮的主要設計師、城郊中產階級的代言人、30年代叱吒風雲的領袖，突然變成了令人憎惡的、虛偽和墮落的政治秩序的象徵人物。在綏靖「罪人」中，他首當其衝地受到兩位激進青年新聞記者邁克爾·富特(Micheal Foot)和弗蘭克·歐文(Frank Owen)在1940年的猛烈抨擊。這也許是自約翰·威爾克斯(John Wilkes)以來政治宣傳所取得的最大成就。

在這樣的時刻，張伯倫領導下的任何社會都很難為一種共同事業團結起來。然而，正如1914年8月發生的那樣，英國團結起來了。的確，當戰爭在1939年爆發時，所有地區和階層的人們都意見一致。正如1914年第一次世界大戰那樣，公眾認為現在英國是代表被壓迫民族和被迫害種族進行的神聖之戰——事實也的確如此，比1914年有過之而無不及。中產階級和工人階級、資本家和工人、社會主義者和保守主義者們因為不同的動機參戰，或者懷有不同的政治目的。但是，各不相同的動機彙聚並形成了新的共識。正如20年前所做的那樣，英國在全面戰爭的挑戰和動亂中重新獲得了團結和國家意志。

第四章
第二次世界大戰

第二次世界大戰爆發後的公眾情緒明顯沒有1914年8月第一次世界大戰爆發後那樣激昂高漲。那時的軍事主義與和平主義的衝突此時也沒有出現。在很大程度上，這需歸結於戰爭初期幾個月怪異的特徵。在1940年4月之前的所謂「假戰」期間，戰事似乎是遙遠的，甚至幾乎是學術性的。伊夫林・沃的小說《多升幾面旗》貼切地描繪了這個怪異的黎明時期。政府採取了大規模的防空襲措施，在公園裏挖了戰壕，在空中放了許多防空襲阻塞氣球，並且在公共建築上佈置了防空武器。3,800萬個防毒面具被分發到男人、女人和兒童的手裏；數十萬學生被從主要城市撤離到邊遠和較為安全的鄉村地區(儘管許多人後來又溜回了家)。對食品、衣服、汽油以及其他商品的定量供應突然成為習以為常的事。戰爭初期並沒有發生大的事件，但當1919年底德國戰艦格拉夫・斯佩號在蒙特維的亞港附近的柏拉特河口被三艘較小的英國戰艦圍困時，人們對英國海軍的勝利舉行了傳統式的長時間歡慶活動。

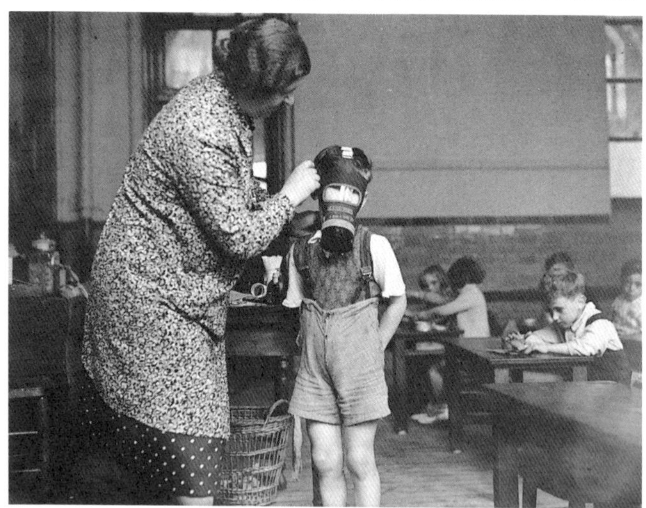

圖5　戰爭期間的兒童。1939年戰爭爆發時，兒童們被撤離到薩塞克斯郡的伊斯特本(上圖)。1939年秋季，總共有827,000名學生被從主要城市疏散到沿海和鄉村地區以躲避德國飛機的轟炸，不過許多人後來自行回家了。人們把防毒面罩分發給了在校兒童以防德國人使用毒氣(下圖)。事實上，防毒面罩被證明沒有必要。

公眾情緒的不確定反映在政府模棱兩可的性質上。儘管內閣在重組時吸納了丘吉爾本人回到海軍部(正如1914年發生的那樣)，但政府仍然是由一幫老派人物所掌控。1931年建立的國民內閣基本未變，只是擴大了。工會對於他們的老對手兼階級敵人張伯倫為首的政府尤其持有深深的懷疑。然後在1940年4月，冷戰升溫。德國入侵了挪威，分散了英國在納爾維克駐紮的海陸軍部隊。之後不久，荷蘭與比利時也遭到佔領；法國軍隊則潰不成軍地後撤。英倫三島本身的安全現在處於顯而易見且日益臨近的危險中。

30年代的舊政權已經不能維持下去。1940年5月7–8日，下議院發生了致命的分裂。80名保守黨議員奮起反抗張伯倫的領導。兩天後，張伯倫辭職；丘吉爾成為戰時首相，吸納工黨和自由黨人加入政府。此次首相的更迭不同於1916年12月的那次明顯的陰謀。的確，比起當年的勞合・喬治，丘吉爾在報界和議會有着更為廣泛的支持基礎，而且也得到陸、海、空高級將領更大程度的忠誠。丘吉爾身上體現出他的同輩們所沒有的傳統的愛國團結精神。戰爭賦予他的政壇生涯以新的動力和重要性。他在廣播和下議院裏鼓舞人心的演講促使他的國家在「最光輝的時刻」集聚起新的愛國意志和力量。他能夠把敦刻爾克撤退的屈辱軍事災難描繪成體現了英國人機智和決斷的勝利事件。當法國於六月中旬向德軍投降時，英國的國土安全受到自1804年拿破崙一世(Napoleon I)時期以來前所未有的威脅。的確，英國是在孤軍奮戰。

陸上、海上和空中

英國進行陸海自衛的準備程度是存在爭議的。在國內戰線，除了發動起來的後備軍，由平民組成的「國民自衛軍」後來被頗為幽默地戲稱為由業餘烏合之眾組成的「老爹軍」。幸運的是，這支部隊的軍事力量從未得到檢驗。但是真正的戰役發生在空中。在報業大王、現任戰機生產部長比弗布魯克(Beaverbrook)督辦下，英國噴火式戰機和颶風式戰機的數量儲備有了很大增加。從8月中旬起，德國空軍發動了一輪又一輪的閃擊戰，先是對英國的空軍基地和飛機工廠，後來在1941年則針對倫敦、考文垂、普利茅斯、利物浦、赫爾、斯旺西以及其他港口和主要城市。國民的士氣和國家防禦系統在這場可怕的狂轟濫炸中堅不可摧，這幾乎是個奇跡。空中的「少數人」，噴火式和颶風式戰機傳奇般的飛行員們(他們中包括許多波蘭人、捷克人以及加拿大人)從8月到10月給予德國空軍以沉重打擊。到聖誕節時，逼近的侵略威脅已經過去了，雖然德國對倫敦和其他城市的閃擊戰仍在進行。丘吉爾的聲望陡漲；同樣高漲的是英國人民團結一致的精神。敦刻爾克和空中不列顛之戰催生出千百個神話。

這些神話助長了英國潛在的孤立主義以及對國家自力更生能力不切實際的自信情緒，同時它們也使英國在戰後對西歐的聯盟態度冷漠。英國人意識到在捲入戰爭的西歐民主國家中，只有自己的國家逃脫了被佔領的命運，正如他們自1066年以來一直做到的那樣。因為所有這一切，1940年「最光輝的時刻」的措詞捕捉住了人們對歷史成就輝煌時刻的自豪和激情。

隨後在陸上、更重要的是海上和空中的戰事發展對英國的國際地位與帝國地位產生了重要的長期影響。戰爭的起因是保衛國家安全、平衡西歐大國勢力的傳統歐洲衝突。英國海軍對北海和大西洋北部的西岸一線進行了廣泛的軍力部署以便控制英吉利海峽。事實上，這種策略在1941年夏天成功奏效。德國人對英國的入侵行動(對此希特勒在許多方面一直猶豫不決)受挫，德國空軍的進攻也以失敗告終。英國商船隊的運輸以及(自1941年初起實施的)美國《租借法案》的安排確保了英國在戰爭的餘下階段有最起碼的食品和原材料供應；英倫三島本身即使在德國潛艇戰加速擊沉英國船隻的情況下也不存在迫切的危險。丘吉爾對中立國愛爾蘭的港口及其反英派總理德・瓦萊拉(de Valera)的動向進行嚴密關注。1944年夏秋德國從荷蘭基地發射的V1和V2制導導彈造成的進一步危害使人們深感不安並造成英格蘭東南部生命與財產的很大損失。但這基本上也沒有引發國家安全的大問題。

帝國主題

然而從1940年末起，這場戰爭展現出了更加寬泛的帝國主題。這場戰爭最初是一場保衛西歐和中歐免遭德國法西斯威脅的一場衝突，後來卻很快演變成通過更廣泛努力來維持英聯邦國家和大英帝國的戰爭，就如同他們在過去的數十年所做的那樣。白人自治領——澳大利亞、新西蘭、加拿大以及有些猶豫不決的南非——均迅速給予英國在原材料和海軍武裝等方面的援助。除此之外，英國在印度與埃及所欠債務急劇增長。雖然這種「英鎊結存」在戰後造成了很大的麻煩，但它們在協助支付英軍供應，尤其在解決英國海外資產損失和「無形」收入下降的問題上，起了關鍵作用。1941年6月蘇聯的參戰以及1941年12月日本襲擊珍珠港的美軍艦隊後美國的參戰使這場戰爭成為名副其實的世界大戰，在每個大陸和大洋展開。這也意味着無所不在的大英帝國將會處於切實的威脅之中。

英國陸、海、空軍的大量兵力投入到保衛中東地區的傳統運輸線上。這條運輸線以蘇伊士運河為中心、以波斯灣及其腹地的豐富石油儲藏為基礎。在意大利於1940年8月參戰後，英國部隊成功地壓制住了在阿比西尼亞和索馬里蘭的意大利軍隊。更多的軍力則用來保護埃及和北非沿海地區。1941年，英國軍隊在阿奇博爾德·韋弗爾爵士(Sir Archibald Wavell)將軍的指揮下奪取了昔蘭尼加並且向的里波利推進，但後來又被迫退守埃及。1942年初托布魯克的失守導致了國內的政治危機，險些使丘吉爾下臺。1942年後半年最重要的戰事是英國第八軍在克勞德·奧金萊克(Claude Auchinleck)上將和後來伯納德·蒙哥馬利(Bernard Montgomery)將軍領導下英勇阻擊德軍向開羅和蘇伊士的挺進。然而，蒙哥馬利於1942年11月在阿拉曼的最終突破使得英軍成功攻入現今的利比亞並繼續挺進，通過的里波利攻入突尼斯。在這裏，蒙哥馬利與奧馬爾·布拉德利(Omar Bradley)將軍率領的美軍會師，並從最初的着陸點阿爾及爾附近向東推進。隨後的聯合行動，包括攻下西西里和從安齊奧海灘到阿爾卑斯山一線對意大利的持續挺進，又一次體現了英國對確保帝國戰略運輸線以及控制地中海東部地區的關注。那些主張1943年在法國開闢第二戰場以緩解俄國紅軍壓力的人們對這種集中兵力於地中海地區的做法非常失望和憤怒。然而丘吉爾的地中海戰略佔了上風。1944年，英軍再次在希臘登陸。他們趕走了德軍並鎮壓了當地的左翼運動者：希臘民族解放軍。

在遠東，這場戰爭同樣涉及到拼命保護帝國根基的問題。日本軍隊通過中國侵入印度支那與荷屬東印度，並且攫取了在菲律賓的所有美軍基地。鑒於印度次大陸受到的威脅，這一切都使丘吉爾把遠東放在甚至比中東更高的軍事優先位置上。英軍的損失是慘重的。其中最可怕的事件是「威爾士親王」號和「反擊」號戰艦在1941年12月10日被日軍炸彈和魚雷擊沉。然後是日軍快速挺進馬來亞以及1942年2月15日在新加坡的8萬多名英國和帝國部隊軍人投降。這場災難源於指揮官珀西瓦爾(Percival)將軍以及丘吉爾本人(他低估了日軍的戰鬥力)的錯誤估計。丘吉爾在下議院將此描述成「英國有史以來最糟糕的投降」。這標誌着大英帝國的衰落。例如，從此以後，澳大利亞和新西蘭在太平洋地區轉向美國尋求保護，而不是向帝國的宗主國。

然而，之後並沒有出現更糟的災難。日軍對緬甸的進攻受到了遏制；英軍湧現了一些英勇作戰、表現出色的部隊，例如奧德·溫蓋特(Orde Wingate)領導的緬甸遠征軍特種部隊。英國在印度的統治，雖然受到次大陸本身國大黨運動以及日軍在緬甸騷擾的威脅，仍然得以維繫。到1944年底，英國在東亞及太平洋地區的地位，即使是喪失了馬來亞、新加坡和香港，仍然是強有力的，雖然它得借助於美國陸軍和海軍的協助。

終於，1944年6月，在德懷特·D. 艾森豪威爾(Dwight D. Eisenhower)和蒙哥馬利將軍指揮下，盟軍從諾曼底海灘登陸，攻入法國。戰爭重點又轉移至歐洲。英軍在這最後階段採取的戰略導致了軍事史學家的爭論，尤其是對挺進法國北部和低地國家的拖延。在阿納姆的空降是個嚴重的失敗。即使如此，英軍很快取得了戰役的勝利。蒙哥馬利將軍於1945年5月9日在呂訥堡荒原正式接受了德軍的無條件投降。希特勒本人在幾天前自殺了。日本的廣島和長崎遭受到原子彈襲擊，11萬人喪命。日本於8月15日投降。

戰爭的影響

自始至終，這場戰爭緊緊攫住了國人的心，沒有出現類似1914–1918年第一次大戰期間公眾的質疑或者樂觀的沙文主義。最令人滿意的事實是，比起1914–1918年持續了艱難四年的塹壕戰，第二次世界大戰的六年間英國的人員傷亡要輕得多。這一次，總共有27萬軍人在六年裏喪生，在國內遭遇德軍的空襲中則有超過6萬平民死亡。二戰中，戰役大多在外圍進行，更具分散性，而且因為以技術為基礎而最終更加有效。甚至如哲學家伯特蘭·羅素(Bertrand Russell)這樣的和平運動前輩都感到這幾乎算是一場高水平戰爭。與此同時，圍繞英國在外部世界的作用的主要問題仍然沒有解決。在中東和遠東，即使英國重新控制亞洲的香港、沙撈越、馬來亞和新加坡以及非洲的英屬索馬里蘭，帝國體系正在承受極大的壓力。在戰時會議和1945年7–8月的波茨坦和平會議上，美國人關心的則是加速非殖民化的進程。丘吉爾憂心忡忡，因為他成為英國首相或者血戰六年並不是為了解散大英帝國。

但是局勢的發展並非他所能料到的。

在國內，全面戰爭的影響也同樣巨大。和先前的第一次世界大戰一樣，人口的類型和結構發生了很大變化，國家對一些行業進行新的集中化控制以便調控社會和經濟生活。但與1914–1918年不一樣的是，國家機器這一次的運作似乎更加公正 —— 而且這種勢頭很可能在戰後繼續下去。這場戰爭清晰地表現了極大的平等精神，而這在英國的任何歷史時期都是沒有過的。奧威爾(在《獅子與獨角獸》中)感到一場社會革命正在發生。定量供應本、毒氣面罩、身份證以及其他戰時管製品的發放是平等的，包含着一種「平等分享」的精神。這種精神也體現在德國閃擊戰的共同受難經歷中。一個顯而易見的成就是由「被疏散者」所取得的，這些學童們被從倫敦、伯明翰、利物浦以及其他城市疏散到英格蘭和威爾士的鄉村。有史以來，英國的不同階層第一次有了交匯，儘管他們可能不瞭解或不喜歡對方。為被疏散的城市貧民區兒童提供醫療和食品服務意味着他們身心健康得到了極大改善。對他們的家長來説，戰爭奇跡般地意味着，經歷了30年代的可怕失業後，充分就業得以恢復。平均主義也激發了對社會規劃的新理想，儘管普通工人與倫敦官僚的規劃之間可能並不一定有明顯和必然的聯繫。然而其結果是，由於戰時團結、平等的犧牲精神，人們就公共政策開始提出嶄新的問題。同樣在軍隊裏，一種新的信念產生了，即這一次「適合英雄的國度」將不會再像1918年後那樣被隨便拋在一邊。這種情緒被一些媒體精確地捕捉到。例如，湯姆・霍普金森(Tom Hopkinson)主編的戰時畫刊《圖片郵報》、報紙《每日鏡報》，以及約克郡作家J. B. 普里斯特利(J. B. Priestley)頗受歡迎的廣播談話節目。其中後者極具地方激進主義的威廉・科貝特(William Cobbett)式風格贏得了廣泛的認同。

社會革新

體現這種情緒的最重要文件是1942年11月發表的貝弗里奇報告。這是一位嚴肅學者型經濟學家的作品，它勾畫出由中央稅收保證的普遍社會保障計劃。這一激動人心的計劃包括產假福利和兒童津貼、普惠保健和失業保險、老年退休金和死亡補貼。用當時的話來說，它提供的保障是「從搖籃到墳墓」的。熱烈的公眾反應賦予毫無魅力可言的貝弗里奇以「人民的威廉」再世的明星地位，因為他的報告確保在戰後的公共議程中，社會政策與其他諸如全民免費保健服務等問題一樣佔據優先的地位。巴洛(Barlow)報告(實際上發表於1940年)則展望徹底改造停滯的「蕭條地區」的前景。隨後，1945年的《工業分散法》開始了早就應該實施的扭轉諸如英格蘭東北部和威爾士南部等地區經濟衰落的局面，主要方法是經濟多元化和基礎設施現代化。1942年的厄思沃特(Uthwatt)報告則提出了一種充滿活力的城鎮規劃新方法，即在主要城市周邊建設「綠化帶」，控制土地的使用，以及建設「新城鎮」以滿足老城市擴張的需求。在所有這些戰時藍圖中，最重要的是對充分就業的承諾，這體現在1943年預算和1944年的政府白皮書裏。30年代的滯脹和經濟及人力資源的浪費摧毀了許多社區，這一悲劇再也不能重演了。那時失業遊行抗議者的領導人，例如1936年反饑餓遊行的主要人物、賈羅選區議員、「紅色艾倫」威爾金森(Wilkinson)，現在則積極參與政府的工作。

在這一切社會革新的潮流下，最為重要的是財政政策的轉變，包括對反惡性循環政策的承諾、增加人力資源預算以及對需求的管理。甚至持傳統觀點的戰時財政大臣如金斯利·伍德(Kingsley Wood)和約翰·安德森爵士(Sir John Anderson)也接受這些計劃。在財政部任職的凱恩斯本人對內閣裏負責經濟事務的閣員們產生了很大影響。他是1919年戰後安排的主要批評者。而現在，無論是在國內預算政策方面還是外部的財政安排(包括試圖通過布雷頓森林協議將國際貿易和貨幣理性化)方面，凱恩斯都是個關鍵人物。以往最保守的領域中出現了最激進的設想：對主要工業和英格蘭銀行實施國有化、收取遺產稅，以及建立國家支付並控制的醫療制度。這些建議在保守黨和工黨閣員之

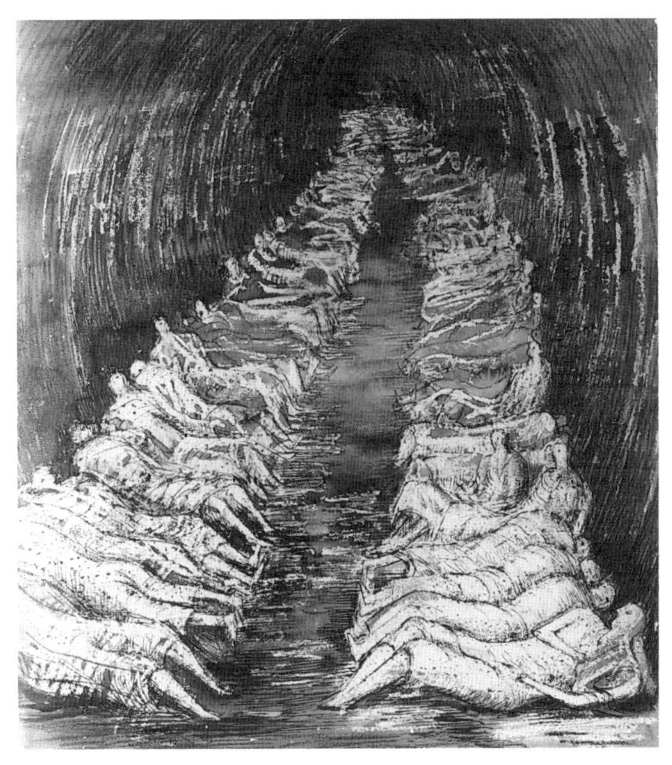

圖6 《地鐵防空洞透視圖》是亨利・摩爾「防空洞繪畫」系列作品之一，根據1941年利物浦街地鐵站的延伸段而創作。戰爭歲月共同苦難的象徵之一就是在倫敦閃擊戰期間地鐵站被用作防空洞。到1940年9月時，有17.7萬人在地鐵系統裏過夜。始自利物浦街地鐵的未峻工延伸段就容納了1.2萬人，其中許多人連續數周待在地下鐵道中。

間引發了日益激烈的爭論，其中還有來自靠投機取巧成為後座議員的憤怒誹謗，比如直言不諱的格拉斯哥猶太人伊曼紐爾·欣韋爾(Emanuel Shinwell)與聰明過人的前威爾士礦工安奈林·比萬(Aneurin Bevan)。但是在傳統戰時領袖丘吉爾領導下，社會各界和知識界的這種熱烈爭論的確是一種新氣象，比1917–1918年的「重建」討論更加切中時弊而且更加深入人心。

藝術

在文化和藝術方面，這場戰爭給舊的價值觀帶來了一些新的生機。值得注意的是，文學方面沒有取得1914–1918年期間那樣的成就。沒有產生那個時期「戰地詩人」式的一代。戰時藝術家們則受到了某種程度的鼓勵；政府資助他們描繪閃擊戰和其他戰役的經歷。摩爾、約翰·派珀(John Piper)和格雷厄姆·薩瑟蘭(Graham Sutherland)是其中三個最有名的例子。

有趣的是，音樂在當時得到了極大的促進，它尤其受到戰時創立的音樂和藝術促進委員會的支持。倫敦閃擊戰時期由邁拉·赫斯夫人(Dame Myra Hess)主辦的午餐鋼琴音樂會展現了公眾對音樂新的熱情。作曲家的成果則體現在邁克爾·蒂皮特(Michael Tippett，他是創作出感人的人道主義作品《我們時代的孩子》的和平主義者)和本傑明·布里頓(Benjamin

Britten)的偉大作品裏。後者的《彼得·格蘭姆斯》首演於1945年6月。它在很大程度上從50年前吉爾伯特和蘇利文的輕鬆作品中汲取養分，給英國歌劇注入了引人注目的新活力。戰爭期間，電影成為更為人們所熟知的創新藝術形式。像《與祖國同在》和《相見恨晚》這樣的影片實際上植根於戰時的主題——分離、迷惘、犧牲——並賦予商業化的電影業創新性現實主義的色彩。

然而在所有文化傳播媒體中，英國廣播公司對公眾的影響力最大。喜劇演員湯米·漢德利(Tommy Handley)、流行歌手薇拉·琳恩(Vera Lynn)以及戰地記者理查德·丁布爾比(Richard Dimbleby)和溫福德·沃恩·托馬斯(Wynford Vaughan Thomas)等成為他們時代偉大的娛樂明星和信息傳播者。在受到陌生的社會和知識思想影響的世界裏，英國廣播公司基本上保持了它的保守和穩妥性，尊重上帝、國王、家庭、生活的連貫性和民族傳統的持久性。在六年的戰爭浩劫中，這似乎是大眾所要求並需要的。

教育和社會變革

無論如何，英國人口的知識覺悟和教育水平越來越高。英國的教育制度自1918年以來沒有發生太大的變化；發展教育的預算被1922年格迪斯(Geddes)的經濟政策殘酷地削減了。大部分的工人階級社區都沒有中學，就讀大學或其他高等教育機構的人口比例到1939年止遠遠低於國際水平，而且除了在威爾士以外幾乎全是富裕階層或中產階級的子女。因此，1944年的《巴特勒教育法案》是戰爭期間又一個社會里程碑。它為一套新的全面中等教育體制奠定了基礎。在該體制中，學校像法國一樣劃分成三類——現代中學、文法學校和技術學校。與此同時，通過賦予文法學校新的生機以及規劃未來增加對學校建築與設備的投資，該法案有助於確保識字率的極大提高以及社會與職業更大的流動性。在戰後的世界裏，無論人們對吸納不成功的大多數人的「現代」中學的水準存有甚麼疑慮，文法學校畢業生的時代一定會到來。[1]

無論工人階級和知識階層對社會變革甚至革命的熱情有多麼高，第一次世界大戰的結果是政府致力於回歸傳統的價值觀和意識形態。而第二次世界大戰後，英國社會中理想與現實之間的差距則小得多。的確，公眾對變革的要求與資方對戰前社會不公和分化危險的認知所達成的一致是第二次世界大戰給英國人民留下的最重要的遺產。其中一個主要方面是現在的工會再也不會像1918年之後那樣被政府拋在一邊了。當時最有權勢的工會領袖是運輸與普通工人工會的貝文。在丘吉爾於1940年5月任命他擔任勞工大臣後，貝

1 英國的文法學校相當於中國的重點中學，一般成績優秀的學生才能入學，其畢業生上頂級大學的比率也遠高於一般的公立學校。

文成為英國國內具有支配地位的內閣大臣。在他的主導下，工會與政府合作制定了工作條例、改善了勞資關係而且取得了在經濟計劃戰略上前所未有的密切合作。英國工會聯盟的書記西特林實際上成了政府的助手。戰爭期間的確發生過罷工，主要是1942年肯特的礦工、1941年克萊德的男學徒們以及1942–1943年的南威爾士工人。但是與正在形成的、更廣泛的共識相比，這些事件都是相對簡短的插曲。到1945年戰爭接近尾聲時，工會聯盟起草並修改了它的公共優先議程名單。這些議程包括對主要產業及公共服務業的國有化、保持充分就業、建立以貝弗里奇報告為依據的福利國家以及基於戰時「平等分享」原則的更加公平的財政政策。

政治激進主義與重建

在各個階層，人們的這種感覺與一種明顯的政治激進主義情緒相呼應。的確，1940–1945年期間英國可以說比以往任何時期都更快地轉向左傾。丘吉爾政府裏的工黨大臣們對國內形勢影響巨大。貝文、副首相克萊門特·艾德禮(Clement Attlee)、內政大臣赫伯特·莫里森(Herbert Morrison)、格林伍德、休·多爾頓(Hugh Dalton)以及其他閣員們成為公眾熟悉和信任的人物。他們是戰後重建能夠切實實施的信心保證。

人們同樣信任革新派的保守黨大臣，例如起草了教育法案的巴特勒。他們的觀點與計劃者們的新思想相一致，而後者中的許多人是像凱恩斯或貝弗里奇那樣的自由派理論家，或者乾脆是沒有政治派別的技術官僚。

在議會和政府控制之外，很明顯公眾的情緒日益激進——至少這反映在報紙進行的蓋洛普民意調查記錄上，雖然當代人很少注意源於美國的這種收集社會學證據的陌生形式。在補選中，傾向基督教社會主義的均富黨獲得了幾次勝利。斯大林格勒戰役和蘇軍挺進柏林後，公眾對蘇聯紅軍的熱情普遍高漲。甚至在軍隊裏，據説左翼等新思想在熱衷時事的圈子裏傳來傳去。西非沙漠或遠東軍人的家書也發出要求戰後建立一個更公平世界的堅定呼聲。

戰爭結束時，重建成為一個越發清晰和深入人心的觀念。而在1918年，許多設想不夠周全而且很快就遭到財政部的否決。這一次則更像是一場人民戰爭。重建構想更加清晰精確，而且有着更加民主的基礎和更多知識分子的參與。戰爭一結束其結果就戲劇性地展現出來。丘吉爾的聯合政府在1945年5月突然解體。這時，德國投降僅僅數日，而遠東的抗日戰爭仍在繼續。令丘吉爾不可思議的是，代表底層民眾的工黨全國執委會堅持要求工黨大臣們退出政府。大選定於7月舉行。

1918年的「優惠券選舉」自始至終都是虛假的。

即使不像凱恩斯所批評的用「絞死德國皇帝」的狂熱沙文主義破壞選舉那樣嚴重，這一因素毫無疑問也是存在的。普遍的愛國熱情使得1918年11–12月的大選沒能體現公眾的真實情緒。然而1945年6–7月，公眾更加清醒並將精力更精確地集中在住房與醫療、充分就業、工業振興等戰後社會問題上，而不是外部的和帝國的問題上。從這種意義上來說，受人敬重的戰時領袖丘吉爾的權威和聲望不但與主題無關，甚至令保守黨尷尬。

大選的結果令人震驚。這是自1906年以來結果最懸殊的選舉。工黨在議會增加了203席，總共獲得了394席，而保守黨僅獲得210席。了無生氣和沉默寡言的工黨領袖艾德禮就這樣被推進了唐寧街十號，成為以壓倒性多數選出的政府的首腦。同時進入政府的還有一批經驗豐富的人物，例如外交大臣貝文、副首相莫里森、財政大臣多爾頓以及貿易大臣斯塔福德·克里普斯爵士。這場選舉是對戰爭歲月氛圍變化的鮮明評價，毫無疑問是對充滿了痛苦記憶(慕尼黑協議、西班牙內戰、加爾洛事件以及反饑餓遊行)的30年代遲到了的判決。英國歷史上極少有類似這樣展現出與傳統決裂情景的時刻。左翼大臣們和廣大選民們一樣感到既激動又迷惘。正如工黨新大臣詹姆斯·格里菲斯(James Griffiths)在這場巨變中所表達的迷惘之詞，「在這之後——會怎樣？」

第五章
戰後的世界

事實上，政策在一個階段的延續後接着是另一個階段的延續。1945–1951年的工黨政府六年的執政在國內得到了強有力的支持，雖然偶爾也遇到困難。這屆政府創立了一種新的共識，即以混合經濟和福利國家為基礎的社會民主。這種制度使英國順利地度過了戰後的轉型期並將其精神傳給了下一代或好幾代。直到20世紀70年代後期截然不同的政治和經濟形勢出現之時，戰後形成的艾德禮遺產才受到決定性的挑戰。在此之前，戰後政權引入的革新與穩定相平衡的體系似乎符合大多數人的意願。

公有經濟部分與福利國家

在一定程度上，艾德禮政府實施了持久而出色的改革計劃。主要的產業和機構被納入公有制體系——煤炭、鐵路、公路運輸、民用航空、煤氣、電力、有線及無線廣播，甚至英格蘭銀行。全國總計有20%的產業被納入「公共部分」。與百姓脱節的私有公司資

圖7 1945年8月23日組成的由艾德禮領導的工黨內閣。前排(從左到右)包括艾迪森勳爵、喬伊特勳爵(Lord Jowitt)、斯塔福德·克里普斯爵士、阿瑟·格林伍德、歐內斯特·貝文、克萊門特·艾德禮、赫伯特·莫里森、休·多爾頓、A.V. 亞歷山大(A.V. Alexdander)、詹姆斯·丘特爾-伊德(James Chuter-Ede)以及艾倫·威爾金森。工黨是以超過150席的壓倒性多數重新執政的。

本家集團被同樣與百姓脫節的公共公司官僚組成的董事會所取代。直到1948–1949年鋼鐵行業國有化導致政府內部分歧浮出水面，1945年在工黨競選宣言中提出的公有制的前提才開始受到挑戰。

公共財政支付的社會福利(被大眾稱為「福利國家」)也有極大的擴展。其中最引人注目且最具爭議的是1946年由比萬提出並於1948年7月實施的國民保健服務體系。該體系在當時引起很大爭論，其中很大的阻力來自醫生們。他們警覺地認識到實施政府支付體系將使他們成為國家的僱員，而且會廢棄例行的私人行醫制度。然而，戰後的大眾共識非常強大，迫使該法案通過並使全民公費醫療成為現實。其他重大措施包括1946年引入的全民保險制度(基於貝弗里奇的戰時建議)、國家補貼的「廉租住房」運動(截至1952年建成了超過100萬套新住房和臨時住房)、養老金的提高、義務教育年限的增加，以及兒童補貼。

這些措施在當時並不是像有人宣稱的那樣得到所有人的支持。政府對其批評者作出了許多妥協。比萬本人不得不同意允許保留職業醫生的私人行醫權，以及在公立醫院裏保留「付費床位」，這是典型的英國式妥協。在中等教育方面，公學[1]與國立文法學校共存。的確，在1945年之後社會主義管理盛行的歲月裏，伊頓公學和其他私立教育機構取得了前所未有的繁榮。其中的一個重要原因是它們的慈善社會地位受到國內稅收的保護。公房計劃迫於鼓勵開發商賣房和「有產民主」原則的壓力而弱化。

儘管存在各種各樣的缺陷，福利國家的政策得到了廣泛的支持，並且在之後的20年裏被視為一個平衡人道社會的重要特性。1951年4月，大臣們就鑲牙和配眼鏡在保健制度內是否應收費的問題發生了激烈爭論。這導致了安奈林·比萬和另兩位大臣的辭職。雖

1　英國的public school翻譯成「公學」，但實際上是私立性質的。因其沒有學區的限制，可負擔寄宿費的學生均可就讀，強調「公開給大眾」，故名。

然如此，全民支持的普惠福利的主要原則在很大程度上延續下來，沒有受到太大損害。同樣延續下來的是政府對充分就業和振興威爾士谷地、達勒姆、坎伯蘭和蘇格蘭中部工業帶等敗落地區的承諾。鑒於得到的這些利益，英國的工會會員們願意克服工資凍結、貨幣貶值和其他困難。他們對自己政府的忠誠超越了所有的分歧。

變化中的生活水準

後來的傳奇故事將這一時期描繪成艱難和黯淡的時代。從某些方面來説的確如此。一開始，英國就面臨償還巨額戰後債務的問題。原材料和基本食品的供應出現持續短缺。缺少美元所造成的與北美洲貿易失衡使形勢雪上加霜。這一時期引起人們恐慌的事件還有1947年7月的外匯自由兑換政策實行後英鎊的擠兑、1949年9月實行的英鎊對美元貶值以及1951年7–8月朝鮮戰爭期間的財政支付困難。對食品、衣服、汽油和許多國內商品的定量供應持續到1954年。由白廳千人一面的官僚們所實施的(以及被投機倒把者和「黑市」所破壞的)計劃和控制成為當時慣常印象的一部分。

儘管如此，人口中的大多數，即工人階級，認為1945年之後的歲月是維多利亞晚期頂峰之後他們所經歷過的最好時期。與1938年相比，他們的工資增長了

30%。生活水平提高了，就業得到保證，此外環境和教育設施也得到令人滿意的改善。在一個足球與板球等流行運動、電影院與舞廳等隨處可見的社會裏，舒適生活的休閒方面也得到了很好的滿足。海布里、維拉公園或老特拉福德等體育場每週吸引超過六萬名熱情(並且完全平和的)觀眾。

1951年，工黨在執政的最後幾個月裏啟動了不列顛展，以紀念1851年在英國舉辦的世界博覽會。在國內經濟短缺、國際事務焦頭爛額之際，一些懷有偏見的批評者認為這似乎不是一個全民歡慶的時刻。然而不列顛展舉辦得很成功。除了其他的好處，它促使人們一舉改造了泰晤士河南岸的雜亂地區，建起了羅伯特·馬修(Robert Matthew)為音樂和其他藝術設計的超級新型節日大廳。展會使得建築家、雕塑家和設計家的創造力得到發揮。同時，它還體現了英國人民的技術和製造技能。泰晤士河沿岸的巴特西地區的遊樂場成為歡樂和創造的海洋。不列顛展證明英國人民在文化方面仍然充滿熱情與活力，他們安逸滿足而且對其傳統充滿信心。

政治和諧

事實上，不列顛展的活力在1951年之後被保守黨發揚光大。從1951年到1964年，保守黨實現了連續執政，分別由丘吉爾、艾登、哈羅德·麥克米倫(Harold Macmillan)以及亞力克·道格拉斯–霍姆爵士(Sir Alec Douglas-Home)任首相。他們均遵循社會和平的政策。工會被允許擴展他們在戰爭期間得到加強的自由和集體談判權。甚至在北愛爾蘭都沒有發生重大的罷工和國內暴力事件。福利國家制度得到加強，其條款幾乎沒有受到損害。充分就業仍然被給予優先的地位。人們認為是體現凱恩斯需求管理方法的「巴茨克爾」政策(巴茨克爾是保守黨人巴特勒與工黨領袖休·蓋茨克爾[Hugh Gaitskell]的合併縮寫，反映了當時的中間路線)對此提供了財政上的保證。當失業率在1959–1960年間再次抬頭時，保守黨採取了與其工黨前任相同的對地區進行干預的政策。這個時期的首相哈羅德·麥克米倫被左翼報紙漫畫家「維基」(半是崇拜地)稱為「超級麥克」。因此，1951–1964年間保守黨並沒有在多大程度上偏離艾德禮建立起來的共識。1964年，工黨在哈羅德·威爾遜(Harold Wilson)領導下以微弱多數重新執政——1966年又以較大優勢再組政府——表明在過去20年建立起來的為人們普遍接受的政治和社會框架不會有太大變化。

文學、戲劇和音樂

國內政治和諧的氣氛為藝術領域創造了更大的試

驗和創新空間。經歷了20世紀40年代的荒蕪之後，50年代出現了許多著名作家的主要作品，其中有一些早在戰前就開始創作：喬伊斯・卡里(Joyce Cary)、勞倫斯・達雷爾(Lawrence Durrell)、安格斯・威爾遜(Angus Wilson)，以及艾里斯・默多克(Iris Murdoch)就是其中最有名的幾位。英國的戲劇在這一時期經歷了復興，出現了從愛爾蘭裔塞繆爾・貝克特(Samuel Beckett)與哈羅德・品特(Harold Pinter)的先鋒派作品到忠實於現實主義的約翰・奧斯本(John Osborne)等人的作品。奧斯本的《憤怒的回顧》(1956)在斯隆廣場激進主義的堡壘皇家宮廷劇院上演。這出劇因其對1945年以來英國社會變革的蔑視和否定而引起了極大反響。由是誕生了「憤怒的青年」模糊而浪漫的社會現象。在《另類人》中，科林・威爾遜(Colin Wilson)抓住了被異化的知識分子進退兩難的困境。

詩歌也表現出極大的活力，主要體現在威爾士詩人迪倫・托馬斯(Dylan Thomas)的作品上。他因酗酒於1953年在紐約逝世。北愛爾蘭也出現了「阿爾斯特文藝復興」。在英國之外，到美國訪問的人注意到了英國戲劇家和演員在百老匯的壟斷地位。由此人們產生了一種幻覺——即使英國在經濟上衰落、技術上落後，但它的文化成就仍可與美國抗衡。

英國的音樂也非常活躍。布里頓在作曲以及歌劇創作方面尤為突出。而其他老牌人物如威廉・沃爾頓

(William Walton)也充滿活力。也許更鼓舞人心的是，音樂創作不再顯得深奧或者僅專屬中產階級。校園樂隊和業餘音樂組合遍地開花。地方舉辦的文化藝術節如雨後春筍般湧現出來，其中最突出的是1947年舉辦的愛丁堡文化藝術節。這些活動背後的一個主要因素是國家通過「藝術委員會」給予的支持，儘管「藝術委員會」的建立及其影響引起過不少爭論。

很不幸，沒有取得任何進步的領域是建築和城市規劃。所謂「新城」大多是些單調的斯大林式統一風格的建築，而重建閃擊戰中被毀舊城的機會往往被拋在一邊。這些城市包括曼徹斯特、斯旺西以及聖保羅教堂附近的倫敦城。醜陋的高層公寓劃破了天際線。新的民用住宅和大學建築常常是嚴肅並缺乏吸引力的。「平板玻璃」的應用還沒有成為受到追捧的觀念，主要城市中心和老教堂城市的設計也相應地受到了負面影響。

廣播、電視和電影

在其他藝術領域，英國廣播公司無論是在廣播還是在電視(相對弱一些)方面都顯露出文化先鋒的姿態。1946年開播的第三套節目對音樂和戲劇是個極大的促進。雖然存在公認的缺陷，1950年之後，電視在全國普及並且在國家信息宣傳方面起到了重要的社會作用。由廣告資助的「獨立」電視開播於1954年。英國廣播公司在迎合像知識分子、威爾士語使用者以及亞裔和其他「有色」移民等少數派口味方面也起了很好的作用。

電影逐漸成為創新藝術實驗的媒介。它的低價和隨意氣氛所吸引的大量觀眾以及面對競爭對手電視的挑戰時體現出的即時自由加強了它的地位。20世紀40年代後期最引人注目的電影是伊靈影片公司的喜劇。這些影片以適度的幽默和寬容詮釋了傳統的英國主題。《買路錢》、《仁心與冠冕》以及類似的喜劇證明了英國社會的延續性和統一性。較為無趣的則是大量反映英國階級制度負面影響的影片。它們用同情、居高臨下和不理解的態度向西區的幾代觀影人描繪工人階級。外國人的形象通常是可疑甚至可笑的(正如這一時期大量湧現的伊妮德·布萊頓[Enid Blyton]的兒童作品所體現的那樣)。像友好村民「波比」那樣永恆的電影人物形象則在影片《寒夜青燈》或在電視連續劇《警察狄克遜》中得到了情感豐富的刻畫。

更有積極意義的是，50年代後期席捲了法國、意大利以及(在某種程度上)美國影壇的新浪潮對英國也真正產生了一些影響。通常具有尖銳社會批評色彩的社會現實主義電影的浪潮標誌着文化態度的變化。剖析工人階級價值觀及其對人際關係影響的流行影片《甜言蜜語》或《年少莫輕狂》反映了英國電影產業

圖8　瑪格麗特·拉瑟福德(Margaret Rutherford)、斯坦利·霍洛韋(Stanley Holloway)和保羅·迪普伊(Paul Dupuis)在《買路錢》(1949)中。這部電影是戰後伊靈影片公司出產的最為成功的喜劇電影之一，由邁克爾·鮑爾康(Michael Balcon)監製。

的新的深度和敏感度。在更廣泛的意義上，它反映了英國在這一歷史轉折時期的安全和穩定。

對外政策

國內的這種穩定在很大程度上得益於對外政策的穩定。1945年的英國仍然是個世界大國，國際和平會議上的「三巨頭」之一。它以能製造原子彈和氫彈來證明自己的實力。直到積重難返的經濟衰落給予英國致命打擊之前，這種表面現象一直維持到1963年簽署莫斯科禁止核試驗條約的時候。英國擁有自己的強大防禦系統、自己的獨立核武器、自己的英鎊經濟區，以及自己所獨有且強大的（如果說正在解體的）帝國成員之間在戰略、貿易和金融上的聯繫。在醫學、物理和化學方面，英國仍然很突出。這表現在具有國際聲望的諾貝爾獎獲獎名單上——亞歷山大・弗萊明（Alexander Fleming）和霍華德・弗洛里（Howard Florey）發現了青霉素，英國人弗朗西斯・克里克（Francis Crick）和他的美國同行詹姆斯・沃森（James Watson）發現了DNA。

帝國的撤退

戰後歷史見證了英國從帝國版圖逐步但必然的撤退，英國的國際地位因此而受損。這是一個殘酷而持續不斷的進程，即使是在老牌帝國主義者丘吉爾執政時也是如此。艾德禮政府1947–1949年間允許印度、巴基斯坦、緬甸和錫蘭（斯里蘭卡）自治是權力轉移的關鍵時刻。這清楚地表明英國在軍事、財政，尤其是在意志上已經不能用武力來繼續保留它遙遠的領地。非殖民化進程在50年代達到高潮。西非和東非以及其他地方的屬地獲得了獨立，甚至白人與地方民族主義武裝發生流血衝突的肯尼亞和塞浦路斯也獲得獨立。在非洲南部，1963年中非聯邦的最終解體也意味着北羅得西亞(贊比亞)和尼亞薩蘭(馬拉維)的獨立。

到了60年代初期，英國所直接統治的領地只有零散的一小撮——英屬洪都拉斯、加勒比海較小的一些島嶼、福克蘭群島、直布羅陀、香港、亞丁、斐濟以及其他一些邊遠地方。對神秘帝國的懷舊渴望已蕩然無存。帝國日從公立學校的日曆上消失了，在印度的公務員們全部回國，英王也不再是印度的皇帝。

然後在1956年10月，當埃及宣佈把蘇伊士運河這條重要的水上航道收歸國有後，當時的首相艾登令人震驚地與法國和以色列聯合發動了秘密的軍事行動入侵蘇伊士運河區。世界輿論，甚至包括美國，都紛紛譴責這一行動。英鎊受到了威脅，石油供應被阻斷；在聯合國的譴責下英國軍隊灰溜溜地撤走了。國內對這一事件的憤怒並不持久，老牌帝國主義者也沉默無言。在1959年的大選中，保守黨以國內繁榮為基礎的競選獲得了較為滿意的勝利——麥克米倫的競選口號是「你們從沒有享受過現在這樣的好日子」。

從另一方面講，美國政客丹尼爾·莫伊尼漢[2] 完全可以撰文讚揚英國在非洲和亞洲第三世界的新聲望，因為英國不費一槍一彈地解放了世界上偌大比例的人

2 丹尼爾·莫伊尼漢(Daniel Moynihan, 1927–2003)，美國社會學家、政治家，美國民主黨成員，曾任美國駐印度大使(1973–1975)、美國駐聯合國大使(1975–1976)和美國參議員(1977–2001)。

口，而法國在阿爾及利亞、荷蘭在印度尼西亞以及比利時在剛果卻以流血的痛苦方式結束統治。世界曾經傾聽過傑里米·邊沁(Jeremy Bentham)和戴維·李嘉圖(David Ricardo)、約翰·斯圖爾特·米爾(John Stuart Mill)和威廉·格拉德斯通(William Gladstone)的自由主義理想，而現在的世界聽到的則是倫敦經濟學院的拉斯基(Laski)和托尼、《新政治家》期刊以及(甚至在野時)工黨所倡導的社會民主信條。

在後殖民階段，英國成為一個更傾向於內省的國家；它在世界事務中的作用是不確定的。儘管與英聯邦國家的聯繫有實用的一面，例如對英鎊區的維持和對黃油和肉類所實行的帝國特惠制，但英國與這些國家的聯繫越來越成為象徵性的。而與美國的關係，儘管在許多方面並不事事如意，卻比以往任何時期都重要。從1949年起，美英兩國通過戰略和地緣政治組織北約綁在一起。另一個組織，東南亞條約組織，則緊隨其後。從此以後，無論英國是保守黨還是工黨執政，英美的政策一直密切配合、齊頭並進。

英國人對於這兩個英語國家之間的這種所謂平等的「特殊關係」頗為自豪。然而很清楚的是，在實際關係中英國總是拼命維持自認為獨立的地位。在朝鮮戰爭問題上、在應對共產主義中國的問題上(而不是正式承認它)、在中東，以及最重要的面臨俄國威脅的歐洲問題上，英美兩國的政策，如果不是一模一樣，也是相似的。1956年英國在干涉蘇伊士運河的問題上對英美關係的背離很快就被制止了。1962年拿騷會議的結果是美國向英國提供它的「核威懾」與北極星潛艇。這使英國在國防和經濟上對美國的依賴比以往更為明顯。

在離英國更近的地方，從1947年起西歐就試圖建立一個政治和經濟聯盟。戰後這一設想甫一提出，英國政府就頗為懷疑，如果說沒有公開敵視的話。英國人反對西歐聯盟的理由有：英國與英聯邦國家的聯繫、與美國的特殊關係、英國憲法和法律制度的獨特性以及英國社會主義規劃的自主性。更為強大的阻力是大部分英國人由於英吉利海峽的阻隔而缺乏與西歐的自然聯繫，所以他們將其他歐洲人看作是不可理喻的陌生人。英國加入歐洲共同市場的第一次嘗試在1963年被法國總統戴高樂(de Gaulle)否決了。多年之後，英國才進行第二次努力。可以説，英國人對於嘗試加入這個陌生組織時的失敗沒有流露出多少遺憾，因為加入就意味着更貴的食品和對國家主權的威脅。親歐派們很顯然是在逆公眾意見而動。

社會變革

在這個自給自足、甚至在某種程度上與世隔絕的社會裏，社會趨勢是以消費者為主導的富足水平所決

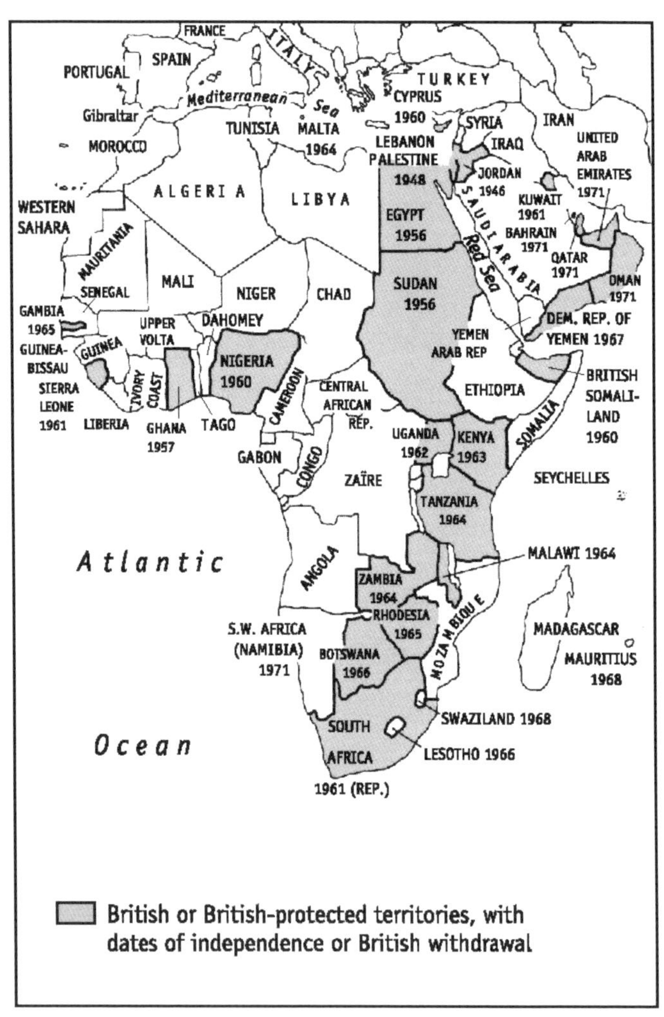

地圖1　　帝國的衰退，1947–1980

定的。在這一表象之下，作為時代新的預言家的經濟學家發現了經濟增長的放緩以及生產效率的下降。社會學家們揭示了阻止這個「停滯社會」實現現代化的根源在於深層次的不平等和社會分化。英國人則對政府機構和傳統慣例相當滿足和自豪。對於英國人來說，現在的生活似乎特別好。出生率的下降意味着家庭人口更少，家境更為富裕。家庭居室裝修得更好了。越來越多的家庭擁有了汽車；人們可以用便宜的按揭購買住房；他們每年夏天可以到西班牙、法國或意大利度一個像樣的假期。

這些日益增長的樂趣和好處並不局限於在城郊擁有半獨立式房屋的中產階級。工人階級也能坐飛機到陽光燦爛的地中海海濱度假，在酒吧、俱樂部等場所吃喝玩樂，以及享有工資增長與工作時間縮短帶來的自由選擇。工人階級中年輕的一代由於其更加古怪的生活方式和日益擴張的流行文化而成為社會學家最喜歡的分析對象，但傳統人士則對此直搖頭。像佐治·貝斯(George Best)那樣留着長髮的北愛爾蘭人和曼聯球員等體育英雄體現了與20年代傑克·霍布斯等人截然不同的價值觀。60年代初期的音樂突破是由利物浦一群年輕人組成的披頭士實現的。他們預示着所謂「放縱社會」在英國即將登場。在這樣的社會裏，人們可以自由自在地飲酒、吸毒，裙子變得越來越短，對性的限制越來越少。英格蘭足球隊在1966年世界盃上奪冠給年輕人的放縱增添了些許愛國主義的光環。

除此之外，中產階級進行了其他的社會改革。這些改革得到了具有享樂主義傾向的首相麥克米倫和主張兼收並蓄的工黨內政大臣羅伊·詹金斯(Roy Jenkins)的支持或容忍。法律對性騷擾、同性戀以及其他類似罪過不再嚴加懲處。人工流產以及極易獲取的避孕丸和其他避孕用具為無盡的性自由提供了條件。社會上出現了更多的離婚和單親家庭。青年文化熱似乎一

圖9　奧爾德馬斯頓遊行。1958年4月，從特拉法爾加廣場開始的到50英里之外位於伯克郡的奧爾德馬斯頓武器研究所的第一次遊行。這標誌着（發起於1958年2月的）核裁軍運動的開始。這一聲勢浩大的運動主張英國單方面放棄核武器。

度席捲全國，據説該浪潮因受美國總統肯尼迪「新邊疆」演講的影響而得到加強。值得特別指出的是，幾種不同文化在英國的大學裏碰撞融合。越來越多的工人階級出身的大學生與更具進取精神的中產階級同齡人融合，這從數量上加強了青年文化的吸引力。1963年之後的十年裏出現了許多新大學，而原來的老大學也得到了擴展。一些批評家認為「數量增多意味着質量的下降」。其他人則反駁説，當只有5%的適齡人能夠獲取高等教育時，英國大學的潛力遠遠沒有得到開發。既然生存的基本問題顯然正在被繁榮的經濟解決，能言善辯的大學生們可以將他們的精力轉向別的地方了。

50年代後期的核裁軍運動在很大程度上應歸功於中產階級裏年輕一代的理想主義。這一運動曾一度威脅並削弱作為潛在執政黨的工黨。後來在60年代，同樣的熱情流向對美國發動的越南戰爭的抗議運動。學生的反叛在伯克利和索邦[3]司空見慣，在英國的校園裏也一度出現。但和前者一樣，後來這一運動也神秘地消失了。

3 此處伯克利指美國加利福尼亞大學的伯克利分校；索邦則為法國最著名的大學之一，位於巴黎。

民族主義和種族主義

這些運動有着更廣的含義。在公眾滿足的表象之下，實際上存在着幾種根深蒂固的分裂勢力。這些不同的勢力在威爾遜第一次首相任內(1964–1970)引發了反叛活動。年輕一代發現消費主義和循規蹈矩的價值觀在一個生態受到破壞以及生存受到不可想像的恐怖武器威脅的世界裏缺乏足夠的吸引力。在別的方面，威爾士與蘇格蘭的年輕人發動了民族主義的抗議運動，這種運動在西班牙巴斯克地區和加拿大講法語的魁北克地區尤為常見。20世紀50年代的威爾士與蘇格蘭沒有充分享受到經濟增長帶來的好處。他們的民族願望不是專為蘇格蘭以及後來(1964年)為威爾士所設置的國務大臣的正式機構所能滿足的。蘇格蘭的民族主義者們正當地抱怨說，連伊麗莎白二世的稱號在蘇格蘭都是很不恰當的。[4] 在威爾士，還有一個主題是其古老語言和文化正受到英格蘭化了的流行文化的威脅而面臨消亡。1966年威爾士民族黨在卡馬森的議員補選中獲勝，其後則出現了新的針對保護威爾士語言的民權抗爭運動(以及幾次爆炸企圖)。政府針對這些運動的成功統戰反應是1969年授予查爾斯王子(Prince Charles)「威爾士親王」的稱號。在蘇格蘭，民族黨人

4　蘇格蘭與英格蘭在17世紀合併時英格蘭的伊麗莎白一世女王已經過世，故有此說。

奪取了漢密爾頓的席位並掌控了幾個地方政權。新的反英情緒似乎正在席捲蘇格蘭的高地與低地。

較少涉及到憲法制度或者說較為平和的是「有色」少數族裔的要求，他們當中有100多萬人是1950年之後從印度、巴基斯坦、西非以及西印度群島移民到英國的。除了遭受破敗的住房待遇以及就業上和(有時在)治安司法方面的種族歧視外，他們還要忍受老舊城市地區的種族偏見。這種情形又被特立獨行的右翼預言家伊諾克．鮑威爾(Enoch Powell)的言行火上澆油。有鑒於美國出現的種族騷亂，他預言英國的城市裏也會「血流成河」。

更令人不安的是北愛爾蘭。自1920年以來被新教多數派控制的政權現在正處於混亂狀態。羅馬天主教少數派(他們通常是主張與愛爾蘭統一的民族主義者)發動了強大的民權運動。然而在實踐中，努力維持宗教與種族和諧的嘗試很快失敗了。軍隊開進貝爾法斯特和倫敦德里以維持秩序。英格蘭城市所遭受的一輪令人警醒的炸彈攻擊表明愛爾蘭共和軍和新芬黨人將愛爾蘭民族主義的古老鬥爭推進到一個新的、令人不安的階段。在60年代後期，少數族裔從布里克斯頓到貝爾法斯特的遊行使英國自由主義共識蕩然無存，正如1910–1914年間幾乎要發生的那樣。

經濟壓力

到目前為止，由於人口的整體生活水平得到提高和改進，社會組織基本上保持了相對完好。但是60年代越來越多的證據表明，日益增長的經濟壓力使新的社會矛盾雪上加霜。英國在這個不幸的年代進行了一輪又一輪魯莽的財政改革，以致經常出現財政赤字和英鎊擠兑。1967年英鎊的貶值沒有產生任何持久的改善效果。通貨膨脹繼續大幅上升，尤其是在70年代初保守黨執政的愛德華·希思(Edward Heath)時期對貨幣供應進行貿然擴張後；這一政策是對凱恩斯主義的誤讀。鑒於高通貨膨脹伴隨着高失業率，凱恩斯學派經濟學家們所有的預言正在被推翻。

開始，這種情景僅限於英格蘭東北部、蘇格蘭和南威爾士的老舊工業區。後兩個地區民族主義的高漲在很大程度上是與關閉礦井和工廠以及解僱工人有關的。但是到了1973年，很明顯英國的經濟問題正在造成越來越普遍的後果。國家創造財富以及保持在世界貿易與產品中應有份額的能力正在遭受嚴重的、或許終極的衰退。英國似乎要取代土耳其而得到「歐洲病夫」的綽號。

為了對付下降的生活水平，工會的回應是使用集體談判權。工會會員數量出現了快速增長，1979年時達到了1,300多萬。罷工的次數在增加，主要發生在煤礦區。1972年2月煤礦工人發動了全國性大罷工並獲得了成功。儘管自50年代以來煤炭工業一直在萎縮，希思政府還是完全感受到了煤礦工人破壞全國生產和能源供應的能力。另一次大罷工發生在1974年2月。它迫使政府就「誰來統治英國？」的議題進行重新大選。結果是工黨出人意料地以微弱優勢獲勝，而保守黨政府則下臺。礦工們再次實現了自己的要求並恢復了就工資問題與政府談判的地位。

日益擴散的抗議情緒，不願接受傳統做法和觀念，工會的權力直指衰落中的生產基地 —— 正是在這種不祥的背景中，英國在享受短暫而令人迷醉的「富足」後要應對一個新的國際秩序的陌生挑戰。

第六章
從70年代到90年代

20世紀70年代的英國為宏觀經濟學和社會學療法提供了一個長期而痛苦的案例。與幾乎所有發達國家相比，甚至在絕對值上與其早期生產水平相比，它的經濟衰落在繼續。這一情景又因1973–1974年間能源形勢的戲劇性變化而雪上加霜。能源危機使英國和其他西方國家從中東進口的石油價格增加了四倍。這給英國在這個十年裏的自身發展帶來了新的契機，即開發北海的石油及天然氣儲藏。

與其競爭對手相比，正在開發核電和水電並擁有豐富煤炭供應的英國在許多方面具有更好的條件來應對這些新困難。然而石油價格的狂漲終於不可避免地引發了自1919年以來規模空前的通貨膨脹。工會要求在1975年底之前增加工資30%的壓力使形勢變得更加糟糕。英國的通貨膨脹持續攀升直至歷史新高，在1980年曾一度超過20%，然後在1982–1983年間才降至可以駕馭的10%以下。此後，對貨幣發行的控制輔以工資增長速度的放緩以及許多商品真實價格的相對下降才使通貨膨脹率在1987年秋降至4% 左右。

價格的狂漲和工資以及其他成本的壓力使失業再次成為國內經濟的主要問題。1980年的失業人數超過了200萬，這是自30年代以來聞所未聞的。隨着政府對投資與貨幣發行量的限制，失業人口到1983年春時攀升至300多萬。這一令人震驚的數字持續了三年之久，甚至有些上升，直到恢復性的經濟增長使之在1987年略微下降至300萬以下。英國的經濟似乎已經病入膏肓 —— 成千上萬的人，其中許多是少年和青年，註定要多年依賴國家救助，而公共福利和服務卻遭到逐漸削減。

其他方面也有經濟衰退的證據。儘管人口數量起初仍在增加，從1951年的5,000萬增至1961年的5,600萬，但是在1975–1978年間，人口實際上是在下降的。經濟衰退期間出生率急劇下降，而總人口中的很大比例是老年人，這給社會福利帶來了沉重壓力，不得不依賴仍保有工作的青壯年所創造的那部分財富。

社會混亂

這樣的結果對於社會基礎來説是最具破壞性的。1975–1978年期間，工黨的威爾遜以及後來的詹姆斯·卡拉漢(James Callahan)政府與工會達成脆弱的所謂「社會契約」，這使得1974–1975年間脱韁的通貨膨脹得到了抑制。工會同意降低對工資的要求來換取政府針對他們需求的明確政策，尤其是在就業保證方面。此後沒有發生過嚴重的罷工，直到1978–1979年間的所謂「不滿之冬」。這是一場突然爆發的公共服務人員(甚至包括地方政府的掘墓工人)的大罷工。它實際上幫助了保守黨在新的大選中獲勝。

此後，工會繼續支持要求「工作權力」的遊行示威，抗議政府對公共支出的削減和居高不下的失業率。不僅僅是在像蘇格蘭、默西塞德以及英格蘭東北部這些傳統上就業易受打擊的脆弱地區，就連英格蘭中西部這樣一度繁榮的地區失業率也攀升至20%。在鋼鐵行業，像康塞特、蕭頓和科比這樣的大型工廠也永遠關門了。更間接的影響是，生活的質量由於政府對保健和教育(包括大學)投入的減少以及對藝術和環境預算的削減而惡化。現在的英國是後凱恩斯時代「滯脹」現象的典型例證，即工業衰退與通貨膨脹同時出現。

北愛爾蘭

這些經濟方面的壓力導致70年代的社會更加不穩定。它們還加劇了業已存在的其他的社會、群體或種族緊張關係。最令人不安的例子仍然是北愛爾蘭。在這裏，聯合王國中最高的失業率加劇了新教徒與天主教徒之間根深蒂固的宗教與種族仇恨。整個70年代，北愛爾蘭的狀況越來越令人擔憂。民權運動的成功動搖了老派的統一黨在北愛爾蘭的統治地位。1972年斯托蒙特議會解散，由威斯敏斯特[1] 直接統治北愛爾蘭。但是與愛爾蘭共和軍重啟的暴力相對應的是同樣強硬的反教皇的牧師伊恩．佩斯利(Ian Paisley)的蠱惑宣傳。

斯托蒙特議會的終結並沒有給人們帶來更多的和平希望。英國部隊繼續在伯格塞區和福爾斯路等重要街道上巡邏。由於愛爾蘭共和軍從愛爾蘭得到資金與武器，北愛爾蘭與南邊的愛爾蘭共和國之間發生了緊張的邊界事件。有時，北愛爾蘭的暴力活動也以對英格蘭城市進行炸彈襲擊甚至暗殺政治家的形式跨過海洋擴大到不列顛島。女王的親戚、著名海軍上將及政治家蒙巴頓勳爵(Lord Mountbatten)就是在其遊艇裏被北愛爾蘭共和軍用炸彈殺害的。

英國政府進行新的努力促使都柏林政府直接參與北愛事務的處理，這是自1922年以來的第一次。努力的結果是英國首相瑪格麗特．戴卓爾(Margaret Thatcher)與愛爾蘭統一黨總理加勒特．菲茨傑拉德(Garret FitzGerald)於1985年11月簽署了《英愛希爾斯伯勒協議》。但該協議引發了北愛爾蘭統一黨的強烈抗議，使其發起對威斯敏斯特的抵制。在這個不幸的島嶼上實現真正的全愛爾蘭統一還是遙遠的理想。愛爾蘭長久以來的種族紛爭還沒有平息。兩派都自由擁

1　威斯敏斯特：指英國議會。

有槍支。一次又一次的暴力行動，包括愛爾蘭共和軍1991年2月針對唐寧街十號不成功的迫擊炮襲擊使公眾很清楚地認識到這一點。

民族主義、種族關係和社會騷亂

這一時期的其他緊張關係雖然不那麼暴力但同樣令人不安。蘇格蘭和威爾士的民族主義者們繼續奔走呼號，雖然通常是在憲法框架內合法地進行。在1979年的「地方分權」措施失敗後，凱爾特民族主義似乎在退縮，但是在威爾士仍然存在許多政治和文化衝突。對威爾士語言的保護仍然吸引着大家的熱情，甚至有憤怒的民族主義者威脅要絕食到死。英格蘭人在威爾士鄉下擁有的「第二居所」有時會被當地縱火者燒毀。要求中央政府權力下放的呼聲在蘇格蘭仍然很高，甚至因80年代該地區經濟的相對衰落而加強。儘管如此，威爾士和蘇格蘭依舊是平衡與和平的社會，與被民族主義者的痛苦所撕裂的隔海相望的凱爾特鄰居相比不可同日而語。

更令人憂心的是發生在大型黑人社區的騷亂。這些居民大都居住在大城市貧窮破敗的貧民窟裏。倫敦的諾丁山地區和布里斯托爾的聖保羅地區發生了零散的騷亂事件。1981年夏季，英國似乎在經歷着美國式種族騷亂的恐怖局面——利物浦的托克斯泰斯地區和倫敦南部的布里克斯頓地區的黑人青年與白人發生了持續的騷亂。這些情景都被電視報道記錄下來(也許是進一步煽動)。另一次騷亂則發生在倫敦北部托特納姆的布洛沃特農場，是因當地一名警察的被害(顯然是黑人青年所為)而引發的。這些事件的重要特點之一是移民社區與警察隊伍之間缺乏信任。隨着失業，尤其是黑人青年失業的加劇，伴以工作、住房和社會機會方面普遍存在的歧視，種族之間的關係成為人們越來越關注和感到不安的大事。

其他的麻煩問題堆積如山。例如，工會反對在倫敦北部建立格倫維克工廠而舉行的示威遊行，其威脅的性質似乎已經超出了抗議活動的範圍。足球比賽和其他體育活動被青少年觀眾愚昧魯莽的暴力行為所破壞。因此，英國傳統的穩定局面正日益處於許多因素的威脅之下。一位美國國會議員悲觀地評論道，英國正變得「像美洲的智利一樣無法統治」。

事實證明這是一種荒誕的誇張。幾乎沒有幾個社會能像英國一樣冷靜地應對、並安然度過高失業率、高通脹率以及公共開支緊縮等危機。儘管有證據表明人們越來越不把歷史上深受尊崇的機構和制度當一回事——牛津大學成為「靜坐示威」的對象；警察、法官、教會領袖(以及足球裁判)無法維持他們以前享有的權威；甚至皇室成員也成為公眾批評或騷擾的對象——英國社會制度與公民生活的大體基礎仍然牢固。但是毫無疑問，矛盾和潛在瓦解的因素如此之多，不列顛文明要想生存下去就必須重新審視和定義陳舊的制裁和約束制度。

歐洲

在這個有些混亂的時期，英國對外部世界的看法經歷了一個反思的階段。實際上，一種根深蒂固的孤立心理支配着公眾的看法，就像1918年以來經常出現的那樣。與美國在北約的盟友關係仍在繼續，但是公眾對其熱情很低。的確，70年代末核裁軍運動(單純的和平抗議形式)的短暫復興説明這樣一種建立在具有恐怖殺傷力的大量核武器基礎上的聯盟仍然引起了公眾的不安。商議中的巡航導彈部署引起了更多的關注。經歷了許多外交政策上的內部分歧之後，英國終於在1973年加入歐洲共同市場。

1975年一次獨特的全民公決中大多數人，幾乎三分之二，支持英國留在歐洲共同市場。然而「歐洲」的吸引力主要是在非政治方面。歐洲大陸的便宜假期、歐洲汽車與食品的流行以及歐洲的足球賽都不足以使英國人更加喜歡英吉利海峽對面的鄰居們。英國人對共同市場的態度在1975年之後仍被陰鬱的敵視所支配；民意測驗的記錄説明英國人對加入歐洲經濟共同體(EEC)一貫持反對態度。總之，歐共體不能贏得像英國這樣獨立的國家人民的喜愛，因為對於英國人來説，歐共體是由一大堆無名官僚人員組成的巨型雜亂組織，沒有多少民主的性質，而且其總部位於遠離英國的布魯塞爾和斯特拉斯堡。共同市場與高價食品、過剩黃油和葡萄酒等產品的關係廣受英國人的批評。這是不可避免的，因為自1846年廢除《玉米法》以來，英國人已經習慣於廉價食品的政策。他們既不願意當歐洲人，也不願意當美國人。

另一方面，許多跡象表明，到了80年代後期英國人開始接受歐共體成員資格給英國帶來了經濟利益的事實，反歐情緒開始消退。到1987年6月大選時，工黨已經不再提出英國退出歐共體的動議，尤其因為現在歐共體也包含了法國、西班牙和希臘這樣的社會黨政府。1986年戴卓爾與法國總統密特朗(Mitterrand)達成協議，在英吉利海峽底部修建連接英國與法國的高速鐵路隧道。隧道於1993年底完工並投入運行。這至少戲劇性地標誌着英國部分放棄了孤立主義。

英國在1986年同意加入歐洲統一市場，這是一個歷史性的變化。最終，在經過內閣的多次內部爭論後，戴卓爾在1990年10月被迫同意英國加入歐洲貨幣匯率機制(ERM)。然而與歐洲在經濟與政治上的關係在保守黨和政府的各個層面仍然是個引起深度分歧的問題。這一問題在戴卓爾執政11年之後於1990年11月被迫下臺時起了主要作用。

英聯邦與福克蘭群島

英國人對英聯邦國家仍然存有一定的感情；女王畢竟是聯邦的元首。但是這些國家之間的聯繫越來越虛化。無論是在黑人移民到英國城市的問題上，還是對南非種族隔離政策的應對問題上，它們之間有的只是摩擦而不是親善友好。與此同時，1989年與中國達成的八年後從香港撤離的協議見證了英國從一個世界大國不可逆轉的後撤。

從帝國版圖的後撤繼續進行，而公眾中並沒有出現多大的反對。經濟與軍事上的疲弱使英國採取了一種有步驟的後撤政策。最棘手的是南羅得西亞問題，因為它正受到一場種族屠殺的威脅。而且該地區緊臨實行種族隔離制度的南非。1979年12月，不顧當地白人定居者的抗議，戴卓爾的保守黨政府態度發生戲劇性的逆轉，允許羅得西亞(更名為津巴布韋)完全自治。議會與公眾對這次帝國撤退報以歡呼和支持。吉卜林和塞西爾·羅茲(Cecil Rhodes)的殖民主義陰魂終於被徹底驅散了。看來，帝國問題再也不會困擾英國人的神經了。

接下來，很令人意想不到的是1982年3月底阿根廷侵入了遙遠荒蕪的福克蘭群島(阿根廷稱之為「馬爾維納斯群島」)。在公眾的激昂情緒中，英國政府作出了強烈反應。兩艘航空母艦、十幾艘戰艦、多架戰鬥機以及一萬名士兵組成的特混部隊長驅8,000英里到南大西洋波濤洶湧的大海中作戰。多虧了美國在技術上的協助，英國人很快取得了戰役的勝利，奪回了福克蘭群島。6月14日，「聯合傑克」(Union Jack)重新飄揚在斯坦利港上。

福克蘭群島之戰受到廣泛的支持；反對者們、核裁軍運動者以及其他人的聲音被不公正地淹沒了。與此同時，用戰爭來留住這些遙遠和幾乎毫無價值可言的屬地不可能重新激發人們對曾經擁有的龐大帝國神秘的懷舊感；在開戰之前人們對這些屬地的認識僅限於郵票。戰役之後人們不再像以往那樣關心是否應動用海軍力量或財政力量來維持南大西洋的安全。福克蘭群島事件可能起的作用是確認了英國人急躁孤立情緒的抬頭。面對國際懷疑主義的氛圍，英國仍能顯示其大國地位，展示其對阿根廷共和國這樣的軍事獨裁政權在軍事、海軍和技術上的優勢。公眾對國家的自豪感得以復興。

國內紛爭與政治兩極化

然而，福克蘭群島之戰所產生的民族自豪感來得快，去得也快。英國很快就回到工會罷工、經濟衰退和社會不滿的老狀態。其中的一個典型例證是1984年3月開始並持續了一年的煤礦工人大罷工。警察與煤礦工人糾察隊之間發生了暴力衝突。英國礦工工會內部也存在分歧，表現在英格蘭中部地區的重要煤礦一直在工作。結果是礦工工會遭遇慘敗，更多的礦井被關閉了。

由於石油、天然氣、電力以及核能的普遍存在，煤炭在英國能源供應方面的主導地位遭到削弱。所以自第一次世界大戰以來英國礦工罷工迫使政府讓步的這一招術已經不再一試就靈。然而，煤礦工人大罷工引發了白領和公共服務領域的一系列罷工，其中最引人注目的是英國中學教師與政府的長期爭端導致了1985–1987年間英格蘭與威爾士中學教學的許多中斷。

80年代初期的這些矛盾被戴卓爾領導下的保守黨政府激化了。這屆保守黨政府似乎是20世紀英國歷屆政府裏最偏右的。與此同時，托尼·本(Tony Benn)發起的回歸社會主義基本原則的草根運動使工黨急轉向左。兩黨的戰後共識似乎蕩然無存。有人引用W. B. 葉芝(W. B. Yeats) 的話來評價當時的情景：「最好的缺乏任何信念；最糟的充滿無限熱情。」工黨內部持不同政見的右派人士組成了一個新的黨派，這就是堅持凱恩斯式的經濟中庸路線、堅持工資政策、歐洲主義以及核威懾的社會民主黨。令人不解的是，儘管人們對經濟悲觀失望，1983年6月的大選中戴卓爾與保守黨還是取得了巨大的勝利。他們獲得了397個議席，而明顯被削弱的工黨獲得209席。自由黨獲得17席，而社會民主黨只得到六席。

對中間立場將會被政治大潮卷走的新恐懼因其他方面更有希望的發展而減輕。英國經濟的變化並非沒有好處。在某種程度上，這些變化是國民經濟向好的方面轉變的結果——北海石油的自給自足加強了英國在能源方面的獨特力量和地位。財政收支突然間朝着有大量和持續結餘的方向發展(直到1986年)。這也意味着製造業在英國經濟中支配地位的減弱。英國人在創新與科技方面的聰明才智遠沒有用盡，這表現在石油、電子、以協和飛機為代表的航空、亨伯大橋、高速列車、海峽隧道以及電腦芯片等科技成就上。

在80年代中期，許多跡象表明這些發展有助於產生新一輪的富足現象，至少在英格蘭南部、英格蘭中部的部分地區以及東安格里亞是這樣，而後者的發展尤其明顯。像斯溫登和貝辛斯托克這樣的城鎮發展迅速。英國經濟開始快速發展並在1987年初達到了4%的增長率。這得益於英鎊的貶值和一些進口商品價格的下降。人們注意到，這次的增長較多地依賴於金融服務、信貸、投資和消費需求的增加，而較少依賴於製造業方面的傳統優勢。英國的製造業在生產率方面仍然落後於1970年以前的水平。

在這方面引人注目的事件是1986年10月27日發生的倫敦城的「大爆炸」改革，主要表現是幾乎隱形的、高度複雜的電腦網絡系統取代了傳統的股票交易所依賴的交易員。這反映了資本市場新的國際化趨勢。這次改革還順帶促成了鄰近的倫敦東區幾十年的破敗和無人過問狀況的改善。社會上出現的「雅皮」現象引起了廣泛爭議並經常遭受詬病。「雅皮」指的是年輕、會掙錢的職場人士，他們大多從事股票交易、投資或商業銀行等職業。

對許多英國公民來説，在經歷了70和80年代初期的危機後，生活似乎突然變得輕鬆了。自有住房率繼續攀升。到1987年底，總人口中三分之二的人擁有了自己的住房。股票持有也更為普遍。政府對國有企業「私有化」的政策有助於達到這一目的。例如，電信體系、英國天然氣公司、英國石油公司以及機場(接下來還有80年代末的水電)被先後私有化。與此形成鮮明對照的是，工會在公眾中的信譽似乎在下降。工會的會員數量則更是如此，從1980年的大約1,300萬會員下降到1987年的900萬，到1999年時，會員數還不到600萬。

文化的發展

這一時期英國在文化與知識探索方面並不是乏善可陳。英國的小説家和戲劇家保持了出眾的創造力。幾位英國最優秀的建築大師——詹姆斯·斯特林(James Stirling)、諾曼·福斯特(Norman Foster)、理查德·羅傑斯(Richard Rogers，巴黎蓬皮杜藝術中心的設計師)——獲得了國際聲譽。英國的音樂在80年代更

圖10 北海石油鑽塔「海洋探險號」。英國於1969年在北海發現了石油儲藏。1975年鑽出了最早的石油。到1978年中期，英國領海區的9個油田投入生產。到1980年，英國實現了石油自給並成為石油出口國。這大大有助於實現財政的收支平衡。北海的天然氣則是另一種主要的能源來源。

加繁榮；倫敦可以說是世界音樂之都。利茲、加的夫以及其他城市的管弦樂與歌劇也有重要的新發展。英國的文學週刊保持了很高的質量。儘管與戴卓爾政府多有衝突並且因下降的士氣和收益而削弱，英國廣播公司一直是英國主要的傳播機構。雖然政府從1981年起實行了削減預算的政策，英國的大學仍然是藝術、理論科學與實用科學包括醫學創造力的源泉。

美國評論家伯納德·諾西特(Bernard Nossiter)甚至在70年代末宣稱，英國表面的經濟衰落與失業掩蓋着更加積極的因素——英國的中產階級和熟練工人可以創造性地利用閒暇來反抗與日俱增的大規模生產的規約，逃避枯燥的自動化勞動過程而獲取更大的自由。這種觀點也許過於樂觀而忽視了英國古老工作慣例與管理慣性的悠久傳統。正是這一傳統控制着英國的經濟和(在某種程度上)社會的發展。

再者，英國文化賴以生存的物質基礎受到了企業和技術創新新一輪失敗的威脅。英國大學和研究機構的問題在80年代中期引起了人們極大的關注，主要是年輕有才的科學家流向北美的「人才流失」現象。在工業革命啟動兩百年後，英國仍然不願意實行現代化並激勵自己的科學才俊，這很奇怪。但這個明顯的缺陷並不能說明英國的人才一定不具備解決社會動亂與產業相對衰退問題的能力。這與幾百年來他們擔負起商業領導者與國際大國的責任是一脈相承的。

「兩個國家」

上述以及其他進展給瑪格麗特·戴卓爾的保守黨政府注入了新的活力。在1987年6月的大選中，雖然工黨在新領袖尼爾·金諾克(Neil Kinnock)的領導下進行了積極的競選，保守黨又一次以375席輕鬆獲得了勝利。工黨獲得219席，而搖擺不定而且內部分化的自由黨/社會民主黨聯盟只獲得22席。戴卓爾因此成為自利物浦勳爵(Lord Liverpool)1812–1827年連續執政以來首個連續三屆當選的首相。這是一個非凡的成就。保守黨在競選中重點突出其恢復國家繁榮局面的成就以及保護國家安全的能力。工黨依賴單方面實行核裁軍的策略，沒能得到廣泛支持。而在繁榮的英格蘭南部地區，工黨似乎顯得分裂、過時並且不可當選。

另一方面，這次大選結果所揭示的地區分化相當明顯。保守黨在南部和英格蘭中部地區獲得壓倒性的支持；在北部的工業城市則失利。而工黨在威爾士的支持率上升了5%，在蘇格蘭則上升了7.5%。人們開始較多地談論國家的社會分野——日益繁榮和滿足的南部與普遍失業、城市凋敝以及公共服務垮掉、逐漸衰落的北部。19世紀40年代本傑明·迪斯累里(Benjamin Disraeli)小說中描寫的「兩個國家」在一個世紀之後仍然明顯地存在着。

20世紀80年代的英國展現出分崩離析與穩定因素

脆弱並存的奇特局面。破壞性的勢力顯然很大，例如北愛爾蘭、英國工業以及城市貧民窟等隨處可見的騷亂和麻煩。政治共識受到不同形式的新挑戰，例如以托尼·本為首的新馬克思主義工黨左派，準法西斯主義民族陣線的極端種族主義者以及當時一些社會民主黨人的分裂。傳統的社會關係——年輕人對父母、「女權主義」的妻子對她們的丈夫、工人對僱主和工會領袖、學生對教師、市民對執法者——似乎都處在急速的變化中。1979年引起爭議的一本書是《不列顛正在死亡嗎？》。與此相反，英國的穩定則反映在對古代慣常制度和祖先幾近宗教般的尊崇上，包括尊敬皇室或者「遺產」這個模糊的概念，而這又體現為人們對英國歷史選擇性的、充滿感情的解讀。

國家的不穩定局面因1987年大選之後戴卓爾政府的冒失政策引起的混亂而明顯加劇。整個80年代保守黨政府尊崇貨幣主義信條、私有化以及市場機制，挑戰像教會、大學和地方政府這樣的機構，而且戴卓爾個人的權勢如日中天。這一切似乎說明「戴卓爾主義」取得了勝利。但在接下來的三年裏，保守黨政府遇到了嚴重困難。在國內政策方面，政府的一些激進建議遭到極力反對。將市場機制引入教育甚至國民保健制度的企圖引起了很大的公憤。廢除住戶税制並代之以社區税(或「人頭税」)的建議引發了全國性的反對浪潮。畢竟，熱愛自由的英國人早自1381年就在沃特．泰勒(Wat Tyler)的領導下反抗過人頭稅。對這一事件的記憶仍然留在人們的傳說裏。

最嚴重的是，經濟的表面復蘇開始失去可信度。財政大臣奈傑爾．勞森(Nigel Lawson)的減稅政策導致了創紀錄的200億英鎊巨額財政赤字。失業率急劇上升，英鎊受到壓力。更糟的是，政府引以為豪的對通貨膨脹的控制又受到消費者信用和消費熱潮的威脅。銀行的利率狂升到15%；全國每一個按揭買房的人都感受到了壓力。雪上加霜的是，在歐洲政策上與首相進行激烈爭論後，勞森辭去了財政大臣的職務。

戴卓爾本人現在越來越不受歡迎。她強硬、霸道的領導風格似乎更像是政府的負擔。她自福克蘭群島之戰以來採取的「強硬」外交方針似乎也不那麼受歡迎，尤其表現在就貨幣聯盟與其歐洲夥伴的一次次爭吵上。與此同時，工黨採納金諾克提出的「新現實主義」，變得更加穩健因而增加了當選的籌碼。該黨放棄了對大規模國有化、單方面核裁軍以及敵視歐洲政策的主張。在這一過程中，工黨使追隨托尼．本的極左分子回心轉意。1990年夏天，英國的政治舞臺上似乎馬上就要發生翻天覆地的變化。

戴卓爾的倒臺

到了秋天，變化果然來臨。面對閣員的辭職、補選的失利、歐洲問題和國內經濟的困難，戴卓爾從沒有像現在這樣焦頭爛額。接着在11月邁克爾·赫塞爾廷(Michael Heseltine)又對其黨內領袖(其實是首相)的地位提出了挑戰。赫塞爾廷是從戴卓爾政府內閣辭職的成員之一。儘管戴卓爾贏得了第一輪投票(204票對赫的152票)，黨內反對她的呼聲迫使其辭去了領袖和首相職務。正如1922年的勞合·喬治和1940年的張伯倫所遭遇的，是保守黨內的後座議員、而不是選民們將戴卓爾拉下了台。在第二輪投票中，鮮為人知並且秉承穩健路線的財政大臣約翰·馬卓安(John Major)勝出。馬卓安任首相後領導英國從「戴卓爾主義」的風暴走向更具共識的社會和政治秩序。

第七章
走向新的千年

和1922年的勞合·喬治一樣，1990年戴卓爾的下臺是個創傷性的事件。正如勞合·喬治的離職一樣，這一事件似乎引出了一個更加平穩的時期——馬卓安所說的「一個自在的國家」。馬卓安擺出團結的姿態，將戴卓爾的主要對手赫塞爾廷攬入內閣。在一段時間裏形勢和緩了許多。不受歡迎的人頭稅被放棄了。1991年2月英國介入了海灣戰爭，其裝甲部隊和噴氣戰機十分突出，協助美國人和其他「聯合」部隊將薩達姆·侯賽因(Saddam Hussein)的伊拉克軍隊趕出了科威特。即使不像「福克蘭群島因素」那樣給保守黨加分，這次參戰也使政府受歡迎的程度一度提升。

最重要的是，約翰·馬卓安在彌補保守黨內在歐洲問題的分歧上似乎取得了進展。在1991年12月就馬斯特里赫特條約(該條約加速了歐洲的融合，包括1999年將要啟動的共同貨幣)進行談判時，英國政府似乎取得了外交上的成功。馬卓安就未來的貨幣聯盟和工人「權利」與最低工資的「社會條款」等問題上從歐洲夥伴那裏得到了「選擇退出」的待遇。保守黨表面的團結得以成功維護。

另一方面，戴卓爾執政後期出現的基本困難仍然存在，尤其是經濟仍處於衰退狀態。由於就業率下降、按揭利率提高、負資產和房價下跌等現象的出現，這次的衰退對英格蘭中部的中產階級造成的損害最為明顯。政府對鐵路系統新一輪的私有化改革引起了激烈爭論。

1992年大選及其影響

鑒於保守黨的天然支持者面對的所有這些問題以及該黨在歐洲問題上沒完沒了的困難，大家普遍認為保守黨最終會在1992年4月的大選中輸給工黨——至少這是民意測驗的結果。但是，人們恰好看錯了。馬卓安成功地將自己塑造成平易、誠實、沒有城府的形象。他取得了意想不到的勝利——保守黨獲得了336個席位；工黨獲得271席；而自由民主黨僅獲得20席。保守黨政府得到了「埃塞克斯人」的支持，即那些愛國的、喜讀《太陽報》、居住於巴西爾登這樣新興城市裏的熟練或半熟練工人。事實上，保守黨41.85%對工黨34.16%的得票率比它們在議會獲得的席位更能說明問題。他們總共獲得的1,420萬張選票是有史以來最高的。看來選民們無法真正信任工黨及其領袖金諾克管理經濟的能力。對多數選民來説，工黨似乎仍然是代表消亡的過去而不是光明未來的、有着強烈階級意識的政黨。保守黨連續贏得四次大選勝利，是自19世紀輝格–自由黨廢除《玉米法》以來的最佳表現。這似乎説明保守黨在未來一個時期裏註定會在政壇上佔據主導地位。

然而，事實上這次選舉將帶來長期的分歧和煩擾並最終將保守黨擊垮。崩潰開始於1992年9月16日的「黑色星期三」，這次重創使保守黨及其首相再也沒能恢復元氣。因承受不了對英鎊的巨大壓力，英國被迫退出歐洲匯率機制並且英鎊對所有主要貨幣貶值。這對馬卓安和財政大臣諾曼·拉蒙特(Norman Lamont)是個致命打擊，一舉毀掉了保守黨能夠管理經濟的聲譽。政府在民意測驗中的支持率大幅下滑；而工黨的領先則一度上升到創紀錄的超過30%，並在接下來的四年半裏保持大幅領先。政府對此似乎束手無策。

經濟復蘇帶來的是支持率的下降和税收的提高。1993年肯尼思·克拉克(Kenneth Clarke)接替拉蒙特任財政大臣，形勢慢慢有了改觀。政府的其他一些政策也不受歡迎。戴卓爾主義的精髓——對工業及服務設施的私有化——失去了光環。公眾所見到的是私有化的列車不能準點運行、私有化的自來水服務夏季斷水以及這些公司主管工資的大幅提升。

北愛爾蘭與歐洲

北愛爾蘭問題的確曾一度出現一些進展。1993年底，馬卓安與愛爾蘭總理成功地在唐甯街達成了一項協議；次年，新芬黨宣佈停火，持續了兩年。和平似乎回到了貝爾法斯特多事的街道，英國軍隊也減少了巡邏。然而1996年2月在倫敦東部的金絲雀碼頭發生了大規模的炸彈爆炸事件。這意味着脆弱的和平局面被打破了。忠於英國的新教徒與天主教民族主義者之間的政治鴻溝自1922年愛爾蘭分治以來還是那樣寬闊而無法跨越。和他的前任們一樣，馬卓安也無法解決自古以來的派別分野，無法減少北愛爾蘭所遭受的痛苦。

最重要的是，保守黨被同歐洲的關係問題搞得一團糟。1991年簽署的馬斯特里赫特條約不但沒有成為構建和諧的平臺，反而成為導致大選不可避免災難的定時炸彈。在麥克米倫和希思的領導下，保守黨自20世紀50年代以來一直是更傾向與歐洲合作的政黨，而工黨則對歐洲較為不友好。現在它們的立場完全顛倒過來了。工黨全力主張英國發揮在歐洲中心的作用，包括工會熱情支持的馬斯特里赫特條約的社會條款和最低工資的規定。而保守黨則被戴卓爾執政後期逐漸形成的狂熱歐洲懷疑派或恐歐派搞得四分五裂。

這一次鼓動反歐情緒的不再是帝國危機的警報，

而是歐盟對英國國家獨立的威脅。馬斯特里赫特條約成為激烈論爭的根源，因為它建立一個超國家組織和將會摧毀英鎊重要歷史地位的「歐元」貨幣的構想對英國的議會主權構成了威脅。保守黨內閣對此產生了嚴重分歧，正如1903–1905年間英國政府就關稅改革與帝國問題發生的爭吵。

現在的馬卓安就像當時的阿瑟・貝爾福(Arthur Balfour)一樣束手無策——而1906年紛爭的後果是保守黨在大選中慘敗。

在下院，保守黨不同派別之間就馬斯特里赫特條約和歐洲問題年復一年地進行着激烈辯論。黨內分裂導致其在議員補選和地方政府選舉中損失巨大；保守黨在基層的組織幾乎蕩然無存。在1994年6月的歐洲議會選舉中，工黨獲得64席，保守黨獲得18席，自由民主黨只獲得兩席。在此之後，形勢越發糟糕。關於食品的各種紛爭使情況更加混亂。牛肉、羊肉，以及在英屬水域捕魚的權力據説都會受到歐洲聯盟的威脅。雪上加霜的是，導致數人死亡並對公眾健康構成威脅的瘋牛病的爆發導致以德國為首的歐盟禁止英國牛肉出口到歐洲大陸。瘋牛病是戴卓爾開放動物飼料政策的結果，但是它卻導致了英國肉牛農場主、保守黨後座議員以及歐洲懷疑派極大的憤怒。1996年夏季見證了自50年代以來聞所未聞的反德偏見的復活。流行小報，尤其是默多克的《太陽報》，煽動起公眾的排外情緒。但是歐盟的牛肉禁令仍沒有解除。被恐歐派批評家刺激得幾乎失去理智的馬卓安甚至在1995年5月辭去黨領袖的職務重新選舉以使他們閉嘴。馬卓安以相當的優勢擊敗了右翼挑戰者約翰·雷德伍德(John Redwood)。然而這一事件只能凸現馬卓安長期的政治弱點。

醜聞與腐敗

政府在公眾生活中的基調與風格，也許比其政策更能反映實質，並加重了20世紀90年代中期的理想幻滅與悲觀主義的情緒。政府陷入了像該黨長期一黨執政的60年代初期那樣沒完沒了的性醜聞和經濟腐敗。含義隱晦的「骯髒」一詞主導着人們對政治的感受。這又被通俗媒體無情地用來煽動公眾反對馬卓安及其政府。一系列的低級別政府大臣們陷入了不同的性醜聞而不得不辭職。即使是在一個道德寬容的時代，這樣的行為在政治上仍被認為是不能接受的，尤其對於不明智地宣揚恪守「家庭價值」以及敦促人們在道德上「回到實質上來」的保守黨更是如此。這種模糊的辭藻本身便隱含着極大的危險。

更糟的是，商界和金融界與保守黨政客之間日益增加的隱性聯繫似乎說明了威斯敏斯特深層的腐敗。大臣和後座議員被揭露出從私有公司或中介說客那裏接受不明錢財。好幾位大臣因此辭職。

政策的層面上也存在一些嚴重的道德問題。斯科特調查報告公開批評內閣大臣們在1991年之前向伊拉克出售武器的問題上誤導和欺騙議會(這些武器在海灣戰爭期間被用來對付英國部隊)；而諾蘭公眾生活規則委員會則批評政治家們公眾生活的標準並呼籲更大的透明度。

以美國或者意大利的政治標準來衡量，英國政壇的違法亂紀現象似乎相對不多。但對於早在18世紀末就開始剷除腐敗行為的英國，這些人的所作所為足夠令人震驚。政府如果不是腐敗的話似乎也表現得漫不經心；作為領袖的馬卓安對此要麼一無所知要麼毫不關心。

公眾理想的幻滅

保守黨的衰落和普遍存在的「骯髒」政治使90年代中期顯然成為公眾理想幻滅的時代。像威爾．赫頓(Will Hutton)的《我們所處的國家》(1995年)這樣的著作對後戴卓爾時代英國的社會不公、極權主義以及社區歸屬感 的衰落進行了譴責。赫頓呼籲復興公民意識和加強國民團結。英國的許多機構和組織受到了抨擊。甚至君主制本身也面對自攝政時期以來最嚴重的公眾批評。皇室的私人問題，例如查爾斯王子(Prince

Charles)和戴安娜王妃(Princess Diana)的分居和離婚、君主聚斂財富、生活奢華而且脱離時代，更是給公眾情緒火上澆油。溫莎城堡的一場大火導致了猛烈批評，因為王室動用了公共資金來修復損壞。女王提到1992年時認為這是「可怕的一年」。共和主義有了一些有限的進展跡象，正如在澳大利亞一樣。另外，人們對倫敦城的信任由於羅伯特·馬克斯韋爾(Robert Maxwell)退休金的醜聞和勞埃德保險公司的麻煩而遭到削弱。刑事司法制度揭露了證據不足的伯明翰六人案這類案件中的司法不公現象。內政部則因限制公民自由以及用政治干涉法律而遭到批評。

公眾對於英國社會所處的狀態也非常厭惡。在倫敦東區，高雅的後現代塔樓區、一座生態公園以及道克蘭公司在金絲雀碼頭附近修建的一個遊艇港與風餐露宿斯特蘭德或林肯因河廣場無家可歸的年輕人形成了鮮明的對比。財富、收入、健康以及生活方式方面存在的不平等越來越嚴重。除了艾滋病等帶來的新問題，像肺結核這樣早就消滅了的疾病在窮人區捲土重來。此外還有其他引起不穩定的因素。家庭的解體在加速：每三對夫婦中就有一對離婚。英國在歐盟國家中離婚率最高，甚至比北歐國家都高。在默西賽德這樣的地區，大批青年人長期失業，有許多住宅區發生騷亂，城市裏則存在着普遍的毒品文化現象，正如電影《迷幻火車》所描寫的那樣。這部影片是根據愛丁堡作家歐文·韋爾什(Irvine Welsh)令人不安的同名小說改編的。從未像現在這樣富足的英國在精神上似乎是貧瘠的、在社會層面上是分裂的。

增長的繁榮

然而在許多方面，這種感覺是不平衡的，人們的絕望被誇大了。雖然面對着各種各樣的問題，馬卓安執政時期的英國日益繁榮，而多數市民對生活頗為滿意。儘管黑人青年斯蒂芬·勞倫斯(Stephen Lawrence)謀殺案反映出的警方種族歧視令人不安，少數族裔在經歷了戴卓爾時期種族衝突之後還是取得了進步。由於多數婦女，無論已婚還是未婚，現在都出來工作，家庭的收入提高了。像保姆和保育員這樣的家政工人的數量自愛德華時代以來首次出現上升。年輕人中，上大學的比例增加到適齡人群的三分之一，而半工半讀或「繼續」教育則成為普遍現象。在年齡組的另一端，預期壽命穩步上升(女性為77歲)，而提前退休領取養老金常常意味着更加舒適的老年生活。

在1994年開通的公路和鐵路海峽隧道的便利條件下，到國外度假成為普遍的現象。絕大多數人家裏擁有中央暖氣系統、微波爐、錄像機或個人電腦等舒適設備。信息科技，包括互聯網，意味着越來越多的人能夠在自己家裏工作，同時也能更加自由地獲取知識。英國手機的數量超過了1,200萬部。城鎮生活顯示了恢復的跡象——像格拉斯哥、加的夫、紐卡斯爾或利茲這樣的城市繁榮起來，其街頭出現了更休閒和更都市化的餐館和酒吧。國家彩票的設立(其收入用於慈善事業)給人們帶來了博彩的樂趣，很受歡迎。休閒活動反映了在更加廣泛領域的富裕生活。由於從衛星電視轉播獲得巨額資金以及從歐洲大陸或南美引進明星球員，足球業尤其獲得巨大成功。除了其他因素之外，黑人足球球員、田徑運動員或板球球員在物質上的成功也有助於改善種族關係。

英國的文化大體上保持了活力。倫敦仍然是偉大文學作品的中心；像諾曼·福斯特和理查德·羅傑斯這樣的建築家在國際上享有盛譽。作為業界的泰斗，福斯特設計了重建的柏林國會大廈，該大廈於1999年底落成。由於多銀幕影院吸引了更多的觀眾，電影業尤為繁榮和具有創造力。成功的電影包括《喬治國王的瘋狂》(電視第四頻道出品)這樣的經典歷史片以及描寫六位設菲爾德失業鋼鐵工人利用他們的才能表演脱衣舞的喜劇《光豬六壯士》(1997年)。報紙上充分展示了英國藝術與設計的活力；像辣妹這樣的流行音樂偶像不但證明了「女孩的力量」，還催生了一種新的愛國主義感情。人們一度在談論「瀟灑的不列顛」，正如在披頭士和「快樂的60年代」的輝煌時期那樣，英國成為了流行時尚的市場引領者。1995–1997

年，經濟開始以出口增長的形式復蘇，但評論家們對明顯缺乏一種「好感覺因素」感到困惑。公眾情緒奇怪地表現為消沉。

新工黨

政治是這種失望的主要根源。但也似乎正是政治給人們帶來振興的希望。過去作為陳舊社會主義和工會麻煩的象徵，工黨似乎註定永遠在野，但正是工黨出人意料地成為更加美好社會的希望。在金諾克領導下放棄左傾政策是工黨復興的開始。他的繼任者約翰．史密斯(John Smith)以削弱工會勢力和將「一人一票」制引入黨代會的方式繼續現代化的進程。

真正的變革是1994年史密斯去世後發生的。他的繼任者托尼．貝理雅(Tony Blair)放棄了舊的意識形態，領導工黨走向戲劇性的復興。42歲的貝理雅是受過公學和牛津教育的律師。他給人一種年輕、富有活力和喜歡新事物的印象，並因此成為英國現代史上最成功的政黨領袖。他不是簡單地提「工黨」，而是提「新工黨」。他更訴求於英格蘭中部按揭供房的中產階級，而不是工黨腹地更為老派的工人階級。他講着愛國主義的語言，揮動着英國的國旗。他宣稱，從根本上講，英國是一個年輕的國家。他還能以驚人的熟練技巧利用現代通信技術來保持黨內的「統一」並提升自己的領導地位。貝理雅曾經在下院這樣奚落馬卓安：「你跟你的黨走，而我的黨則跟我走。」

新工黨比以前更能兼容並蓄。貝理雅公開訴求英國工業聯盟(CBI)的領導人的支持；向在過去詆毀過工黨的默多克報業集團示好；他甚至對戴卓爾國有產業私有化、提升自有住房率和結束工會的控制作用等成就大加讚賞。貝理雅所依靠的模式似乎不是一個世紀以來從基爾·哈迪(Keir Hardie)到卡拉漢領導的舊工黨，而是澳大利亞工黨或者總統比爾·克林頓(Bill Clinton)領導下的美國民主黨所奉行的「市場社會主義」。

其結果是，不再教條化的工黨揚棄了國家計劃、國有化、普惠福利、收入再分配以及1945年艾德禮領導下工黨與工會的密切聯繫。1995年初，貝理雅成功地發起了從工黨黨章中刪除承諾國有化的第四條款的運動。在保守黨政策失敗和工黨在民意調查中領先形勢的鼓舞下，貝理雅支配着英國的政壇。

1997年的大選

1997年的大選體現出了新工黨改革的效果。民意測驗的結果這一次被現實印證了。保守黨遭受了比1945年或1906年更糟的失敗，也許是自惠靈頓勳爵(duke of Wellington)1832年抵制偉大的《改革法案》以來最糟的慘敗。工黨的選票增加了10.9%，獲得了419

個席位，而保守黨只獲得165席。自由黨獲得46席，是20年代以來的最好成績。五位政府閣員丟掉了他們的席位。英格蘭的城鎮議席大規模地轉而為工黨所有，包括戴卓爾在芬奇利的席位。主要城市都轉向了工黨，而在蘇格蘭和威爾士保守黨竟連一個席位都沒有獲得。

這次大選的另一個令人矚目的特點是，120多位女性當選為下院議員，其中100多位為工黨議員。她們全部來自中產階級，而工黨內的工會勢力則大大減弱。這是英國歷史上最翻天覆地的大選之一，是十年前人頭稅引發反戴卓爾浪潮以來積聚起來的反對保守黨統治的滯後反應。44歲的貝理雅由此成為自維多利亞時代以來最年輕的首相，並且立即樹立起個人的權威。

工黨接班執政的過程是極其平順的。近期以來經濟一直在快速改善。這是工黨有史以來第一次在執政時沒有遇到財政危機。新的財政大臣遵循謹慎的政策，兑現了不突破保守黨政府稅收與花費頂限的大選諾言。股市在1998年創下新高。股票交割指數從1997年5月的4,300點狂升到2000年1月超過6,800點。在國內政策方面工黨趨於謹慎甚至保守，尤其是在削減福利花費以減少對國家的依賴方面。而來自左翼的抗議被置之一旁。醫療服務的資金不足引發了許多爭論。其他方面，政府採取的政策有對工商業界示好、加強法律秩序以及對大學教育收費。這對一個中左立場的政府來説是很了不起的。另一方面，家庭信用、對兒童和老人福利的加強以及引入工人最低工資政策則說明某些程度上的財富再分配以及政府真實進步的議程。

在歐洲問題上，這屆政府似乎比其前任更加積極。然而貝理雅並不比馬卓安更傾向於在第一輪就加入單一歐洲貨幣體系。他的直覺是歐洲與美國並重。然而在北愛爾蘭，在經歷了幾十年的暴力衝突之後政府似乎確實取得了罕見的政治突破。新芬黨和統一黨的領導人坐到談判桌前，並在1998年4月的耶穌受難節達成了一項協議。協議內容包括以蘇格蘭模式組成一個108名成員的民選議會；成立由都柏林和貝爾法斯特的部長組成的跨邊界部長委員會來處理安全與其他事務；以及建立一個英-愛不列顛群島委員會。這似乎是自1922年愛爾蘭分治以來北愛爾蘭的政治家們所能取得的最接近的一致，並且代表了貝理雅又一項了不起的外交成就。一個月後在北愛爾蘭舉行的全民公決中，協議得到超過71%的多數(包括新教徒的多數）支持。在經歷了解除武裝的困難之後，北愛爾蘭議會在1999年11月開始運作。新芬黨的部長們在統一黨領導人戴維·特林布爾(David Trimble)手下任職，這是歷史性的新進展，儘管該議會不久就被終止了。

北愛爾蘭協議中潛在的聯邦主義與工黨政府就另一個國內問題所進行的激進改革遙相呼應。工黨政府提出的憲法改革計劃將世襲貴族趕出了上議院，到2000年時僅剩下92名世襲貴族上院議員。更驚人的是，工黨政府在1997年9月提出就中央政府對蘇格蘭和威爾士的權力下放問題舉行全民公決。蘇格蘭人以壓倒性多數的結果支持成立一個具有稅收權力的蘇格蘭議會；形成對比的是，威爾士成立民選議會的動議只得到微弱多數的贊同。全民公決的結果也許預示着自1707年《合併法》[1]以來聯合王國的中央政府將要發生戲劇性的變化。有人認為，聯合王國甚至不再能夠保持統一。1999年開始運行的蘇格蘭議會包含一個少數派的工黨政府，但議會裏的蘇格蘭民族黨代表比重卻很大，此外英國政府也參與到更加融合統一的歐盟中來。這看上去很可能引起更進一步的變化。國內的多元主義和外部的歐洲融合可能會導致更加鬆散的國家結構。在這一結構中，法律、議會和內閣的作用將會改變，英國的國家認同概念將大不相同。少數人以英格蘭式的民族主義對此進行強烈回應。而多數人認識到這是一個後帝國主義時代、信息革命時代以及經濟全球化時代。他們似乎以傳統的平靜心態接受了未來變化的前景。

公眾的平靜

當貝理雅政府塵埃落定時，英國人民正期待新千

1 該《合併法》於1707年5月1日通過，蘇格蘭與英格蘭正式合併為一個國家，成為大不列顛王國(Kingdom of Great Britain)。

年的到來。他們似乎比戴卓爾倒臺後的那段時間更加平靜和自信。經濟出現了復蘇的景象；社會(包括北愛爾蘭)更加穩定；男女平等正取得進展；少數族裔比以往更廣泛地融合到社會中來；蘇格蘭人與威爾士人正忙於對地方分權進行建設性的準備。不列顛目前似乎找到了感到放心滿意的一種風格和一屆領袖。

當然，在最近幾十年裏也有很多社會混亂的跡象。階級、性別、隔代人之間的關係，還有像婚姻、家庭以及為人父母這樣的社會基石，經歷了很大的衝擊而且其結構變得不那麼完整。歷史悠久的組織機構發現很難適應時代的變化。英國聖公會在一個世俗化的時代舉步維艱；婦女被授予神職這樣的問題增加了它的煩惱。現在只有少數人遵從宗教禮儀。非國教徒信仰已成為維多利亞時代的遺跡，而天主教會對墮胎等問題的態度也遭到猛烈抨擊。除了蘇格蘭西部群島上嚴格遵守安息日的加爾文教徒，星期日成為人們購物、駕車兜風以及從事群眾性體育活動的休閒日。

君主制是近年來社會混亂的更大受害者。許多人猜測，女王伊麗莎白二世百年之後查爾斯王子甚至不能繼承王位。然而當查爾斯王子離異的妻子戴安娜王妃在1997年8月31日的巴黎車禍中身亡時，人們對此進行了不同尋常的情緒宣洩。在她的葬禮上，人們極盡悲傷。對他們來說，戴安娜既是充斥通俗小報的光彩照人的媒體明星，又是對艾滋病患者、無家可歸者、

圖11 1997年9月，戴安娜王妃葬禮前肯辛頓宮外面的哀悼者。

單身母親以及亞裔少數民族深表同情的現行制度的局外人。她的葬禮使人們重新產生了對君主制度的依戀，儘管對它的態度更加隨意平和。從某種意義上來說，貝理雅代替了戴安娜的位置，儘管他只是權威的燈標而不是(戴妃在其葬禮上被人們所稱呼的)風中的蠟燭。即使媒體把現實描繪得一團黑暗，民意測驗的數據卻表明大眾對於其英國人的身份具有普遍認同感並且對自己的國家表示滿意。這在西方世界中並不多見。沒有甚麼人想移民國外。在新千年到來的2000年1月，一個巨大的塑料穹頂[2] 在格林威治的河邊矗立起來。它可以比肩1851年世博會的水晶宮和1951年不列顛展的節日大廳。和以往一樣，這樣的建築遭到媒體的批評，但並不激烈。和君主制一樣，新千年可以用來加強對一種新的文明文化的基本承諾，新移民也會從中找到歸屬感。

結語

從1914年到2000年，英國經歷了翻天覆地的變化。然而，不列顛仍然是依稀可辨的同一社會。儘管經歷了兩次世界大戰、30年代的大規模失業以及70年

2 此建築是2000年1月1日盛大開幕的格林威治千禧穹頂(The Millennium Dome)，斥資將近7.6億英鎊興建而成，是全球最昂貴的雄偉建築，也是全球最大的穹頂，連巴黎的埃菲爾鐵塔都可橫躺其中。

代和80年代的社會動盪，大不列顛的面貌，就像斯諾登山或者哈代筆下的埃格敦荒野，可能出現光和影的表面變化，但是潛在的本質卻始終如一。在2000年如同1914年，人們對家鄉的崇敬與包容還是沒有改變。當地市民對於倫敦(2000年它有了自己的民選市長)、對於「北方」、或對於泰恩賽德、或對於東英吉利亞、或對於康沃爾的忠誠仍然是現實——的確，隨着中央政府對蘇格蘭和威爾士以及也許會對廣大英格蘭城市地方政府的權力下放，可界定的地方社區歸屬感可能會變得更加強烈。

人口的構成仍然是多元的、有差異的和個性化的。在一個高度城市化的社會裏，鄉村仍然固守着自己(也許誇大了)的功能和身份感。90年代末的英國仍然是個相對和睦的社會——人們尋求自己的興趣愛好、珍視自己的花園並在自己家裏自娛自樂。最強有力的是，儘管人們使用「一個年輕的國家」這樣的修辭來形容英國，英國人仍然對他們集體共有的過去懷有一種自豪感——即使「英國歷史」(在千禧穹頂裏基本上被忽略了)一詞需要用凱爾特民族地區的權力下放、美國化了的流行文化、英聯邦國家的移民以及歐盟成員國等所體現的多元主義、多種文化來重新定義。

對戴安娜之死的影響或新千年含義的辯論使人們對英國歷史的共同記憶有了更深刻的理解。這種歷史意識充分展現在無數的地方節日、古老教堂城市和溫泉鎮的禮節、威爾士民族文化節、蘇格蘭高地的體育運動、甚至具有30多年歷史的諾丁山多種族狂歡節上。像議會這樣的公共機構體現了這種歷史感。同樣，也許較為痛苦的是，還有戰爭與外來威脅所激發的堅定團結。通過大眾媒體，電視與電影製作的歷史作品復興了古代身份的神秘感。2000年1月進行的民意調查中人們認為威廉・莎士比亞(William Shakespeare)是上個千年的代表人物。

儘管經歷了幾十年幾乎不可忍受的動盪，英國仍然是個不可分割、相對和平、結構緊密的社會，有能力進行自我更新。當地人的抗議活動的種種形式，常常體現了一種內在的寬容精神；對個性與怪異行為的尊重體現在包括像性取向這樣的困難領域；以及對強權與統一標準的拒絕。1998年，「自由之樹」[3]仍然被環保壓力集團澆灌着。環保武士「死頑皮」(Swampy)[4]是掘地派或湯姆・潘恩(Tom Paine)等持不同政見者的天然繼承人。在新千年來臨之際，正如在過去驚濤駭浪的緊要歷史關頭，作為一個英國人的價值仍然能夠得到肯定和傳承。因此，英國人再度自信地迎接未來將展開的很多個世紀。

3 自由之樹：出處為托馬斯・潘恩所寫的一首提倡自由，反抗強權的詩歌《自由之樹》(*Liberty Tree*)，1775年7月刊在《賓夕法尼亞雜誌》或《美國博物館月刊》上。

4 Swampy：丹尼爾・胡珀(Daniel Hooper)的外號，此人是英國有名的環保主義者，多次參加反對修建地鐵延長線的抗議活動。

推薦閱讀書目

General

J. M. Brown and W. R. Louis (eds), *The Twentieth Century: The Oxford History of the British Empire*, vol. IV (Oxford, 1999).

P. Clarke, *Hope and Glory: Britain 1900–1990* (London, 1996).

T. O. Lloyd, *Empire to Welfare State. English History, 1906–1992* (4th edn, Oxford, 1993), a good general survey.

C. L. Mowat, *Britain between the Wars* (London, 1955), excellent on social and economic themes.

K. O. Morgan, *The People's Peace: British History since 1945* (Oxford, 1999).

N. Tiratsoo (ed.), *From Blitz to Blair* (London, 1998).

Social and Economic

W. *Ashworth, An Economic History of Britain, 1870–1939* (London, 1960).

A. Cairncross, *Years of Recovery: British Economic Policy, 1945–51* (London, 1985), a fine study of the Attlee years.

J. R. C. Dow, *The Management of the British Economy, 1945–60* (Cambridge, 1964).

R. Floud and D. McCloskey (eds), *The Economic History of Britain since 1700*, vol. iii (Cambridge, 1994).

A. H. Halsey (ed.), *Trends in British Society since 1900* (London, 1971), comprehensive and factual.

J. Lewis, *Women in Britain since 1945* (London, 1992).

R. Lowe, *The Welfare State since 1945* (London, 1993).

R. McKibbin, *Culture and Classes: England 1918–1951* (Oxford, 1998).

A. Marwick, *The Deluge* (London, 1965), covers the effects of the First World War.

G. C. Peden, *British Economic and Social Policy: Lloyd George to Margaret Thatcher* (Deddington, 1985).

H. Pelling, *A History of British Trade Unionism* (2nd edn, London, 1971).
H. Perkin, *The Rise of Professional Society: England since 1880* (London, 1989).
E. H. Phelps Brown, *The Growth of British Industrial Relations, 1906–14* (London, 1963).
S. Pollard, *The Development of the British Economy, 1914–1980* (3rd edn, London, 1983).
J. Stevenson, *British Society, 1914–1945* (London, 1984).

Political

P. Addison, *The Road to 1945* (London, 1975), a stimulating account of consensus and conflict in wartime politics.
S. Beer, *Modern British Politics* (new edn, London, 1982), a stimulating thematic approach.
R. Blake, *The Conservative Party from Peel to Major* (new edn, London, 1997).
C. Hazlehurst, *Politicians at War, July 1914 to May 1915* (London, 1971).
D. Kavanagh, *Thatcherism and British Politics* (Oxford, 1984).
R. McKibbin, *The Evolution of the Labour Party, 1910–1924* (Oxford, 1983).
D. Marquand, *The Unprincipled Society* (London, 1988), a perceptive critique of the British political economy.
K. O. Morgan, *Labour in Power, 1945–1951* (Oxford, 1984).
K. O. Morgan, *Labour People: Leaders and Lieutenants, Hardie to Kinnock* (new edn, Oxford, 1992).
R. A. C. Parker, *Chamberlain and Appeasement* (London, 1993), a powerful reassessment.
M. Pugh, *The Making of Modern British Politics, 1867–1939* (London, 1982), a helpful survey for the student.

Twentieth-Century Britain

J. Ramsden, *An Appetite for Power* (London, 1998), the modern history of the Conservatives.
D. Reynolds, *Britannia Overruled: British Policy and World Power in the Twentieth Century* (London, 1991), a fine overview.

R. Skidelsky, *Politicians and the Slump* (London, 1968), the second Labour government.
T. Wilson, *The Downfall of the Liberal Party, 1914–1935* (London, 1966).

Biographies

R. Blake and R. Louis (eds), *Churchill* (Oxford, 1993), authoritative essays.
B. Brivati, *Hugh Gaitskell* (London, 1996).
A. Bullock, *The Life and Times of Ernest Bevin*, 3 vols (London, 1960, 1967, 1983).
J. Campbell, *Edward Heath* (London, 1993).
B. Crick, *George Orwell. A Life* (London, 1980).
D. Dilks, *Neville Chamberlain*, vol. i (Cambridge, 1984).
R. Foster, *W. B. Yeats: A Life*, vol. i (Oxford, 1997).
J. Harris, *William Beveridge* (Oxford, 1977).
K. Harris, *Attlee* (London, 1982).
C. Hussey, *The Life of Sir Edwin Lutyens* (London, 1950).
H. Lee, *Virginia Woolf* (London, 1996).
D. Marquand, *Ramsay MacDonald* (London, 1977).
K. O. Morgan, *Callaghan: A Life* (Oxford, 1997).
B. Pimlott, *Hugh Dalton* (London, 1985).
R. Skidelsky, *John Maynard Keynes*, vols i and ii (London, 1983, 1992)
H. Young, *One of Us* (London, 1989), on Margaret Thatcher.

Scotland, Ireland, and Wales

J. Davies, *A History of Wales* (London, 1993).
C. Harvie, *Scotland and Nationalism* (new edn, London, 1994).
C. Harvie, *No Gods and Precious Few Heroes: Scotland 1914–1980* (new edn, London, 1998).
J. Lee, *Ireland, 1922–1985: Politics and Society* (Cambridge, 1989).
F. S. L. Lyons, *Ireland since the Famine* (rev. edn, London, 1973), a definitive survey from the 1840s to the 1970s.
K. O. Morgan, *Rebirth of a Nation: Wales 1880–1980* (Oxford and Cardiff, 1981).

Culture and the Arts

G. Abraham, *The Concise Oxford History of Music* (Oxford, 1979).

B. Bergonzi (ed.), *The Twentieth Century: Sphere History of Literature in the English Language*, vol. vii (London, 1970).

D. Farr, *English Art, 1870–1940* (Oxford, 1978), including architecture.

B. Ford (ed.), *The Pelican Guide to English Literature*, vol. vii. From James to Eliot (rev. edn, London, 1983).

B. Ford (ed.), *The Pelican Guide to English Literature*, vol. viii. The Present (London, 1983).

B. Ford (ed.), *The Cambridge Guide to the Arts in Britain*, vol. viii (Cambridge, 1989), comprehensive.

J. Gross, *The Rise and Fall of the English Man of Letters* (London, 1969), a brilliant study.

R. Hewison, *In Anger: Culture and the Cold War* (London, 1981).

R. Hewison, *Too Much: Art and Society in the Sixties, 1960–1975* (London, 1988).

P. Kidson, P. Murray, and P. Thompson (eds), *A History of English Architecture* (London, 1979).

A. Marwick, Culture in Britain since 1945 (London, 1991).

W. W. Robson, *Modern English Literature* (Oxford, 1970), the best brief account.

R. Samuel, *Theatres of Memory* (London, 1994).

P. Young, *A History of British Music* (London, 1967).

大事年表

1914	(6月28日)斐迪南大公在薩拉熱窩遇刺 (8月4日)大英帝國參加第一次世界大戰
1915–1916	達達尼爾海峽遠征，以英國軍隊從加里波利撤退告終
1916	索姆河戰役；日德蘭戰役；勞合·喬治接替赫伯特·阿斯奎斯任首相
1917	帕森達勒戰役
1918	人民代表法將投票權擴大到30歲以上的婦女；第一次世界大戰結束(11月11日)；勞合·喬治的聯合政府以「優惠券」的方式再次當選(12月)
1919	凡爾賽條約確立了歐洲的和平
1921	大罷工期間煤礦工人尋求碼頭工人和鐵路工人工會的支持(「三方聯盟」)：在「黑色星期五」碼頭工人和鐵路工人退縮，三方聯盟破裂；勞合·喬治與新芬黨簽訂條約
1922	勞合·喬治倒臺；博納·勞領導保守黨政府
1923	斯坦利·鮑德溫成為保守黨首相；大選
1924	(1月)拉姆賽·麥克唐納領導第一屆工黨政府；(11月)保守黨在鮑德溫的領導下重新執政
1925	英國恢復金本位制
1926	總罷工(5月3–12日)
1929	大選；麥克唐納領導第二屆工黨政府
1931	金融危機與英鎊擠兑；英國放棄金本位制；麥克唐納辭職並在大選後領導國民內閣
1932	關於帝國貿易的渥太華會議實施保護性關稅
1935	保守黨贏得大選：鮑德溫接替麥克唐納任首相；阿比西尼亞問題的霍爾–拉瓦爾條約；《印度政府法》

1936	國王喬治五世去世；愛德華八世遜位；喬治六世成為國王
1937	內維爾·張伯倫接替鮑德溫任保守黨政府首相
1938	張伯倫在貝希特斯加登、巴特戈德斯貝格和慕尼黑會見阿道夫·希特勒
1939	英國保證波蘭的安全；大英帝國向德國宣戰(9月3日)
1940	溫斯頓·丘吉爾接替張伯倫任首相；敦刻爾克撤退；不列顛之戰
1941	德國空軍繼續在許多英國城市進行閃擊戰；蘇聯和美國參戰
1942	新加坡陷落；蒙哥馬利取得阿拉曼戰役勝利；斯大林格勒戰役；關於社會保險的貝弗里奇報告發表
1943	北非戰役成功；英美軍隊攻入意大利
1944	攻入法國的D日(諾曼底登陸)；R. A. 巴特勒教育法出臺
1945	戰爭在歐洲(5月8日)和遠東(8月15日)結束；大選：工黨獲得巨大勝利，克萊門特·艾德禮成為首相
1947	煤炭和其他工業國有化；自由兑換危機；印度、巴基斯坦和緬甸獨立
1948	比萬發起建立國民保健服務體系
1949	北約成立；斯塔福德·克里普斯將英鎊貶值
1950	大選：工黨以微弱多數繼續執政；朝鮮戰爭爆發
1951	不列顛展；大選：保守黨擊敗工黨，丘吉爾再任首相
1952	喬治六世國王去世；女王伊麗莎白二世登基
1954	英國部隊從埃及撤出
1955	艾登任首相；保守黨贏得大選
1956	英–法聯軍入侵蘇伊士運河區，隨後撤出
1957	安東尼·艾登辭職；哈羅德·麥克米倫成為首相
1959	大選：保守黨以較大多數獲勝
1963	法國否決英國加入歐洲共同市場的申請；在莫斯科簽署的禁核條約對核試驗進行限制；亞歷克·道格拉斯–霍姆接替麥克米倫任首相

1964	大選：工黨在哈羅德·威爾遜領導下以微弱多數獲勝
1966	大選：工黨以較大多數獲勝
1967	英鎊貶值
1968	英國限制英聯邦國家的移民
1970	大選：保守黨在愛德華·希思領導下重新執政
1972	全國煤礦工人大罷工；北愛爾蘭的斯托蒙特政府被廢止
1973	英國加入歐洲共同市場
1974	全國煤礦工人大罷工；兩次大選：工黨在威爾遜領導下均獲微弱多數
1975	全民公決支持英國留在歐洲共同市場
1976	經濟危機：英國從國際貨幣基金組織得到援助
1979	威爾士和蘇格蘭就地方分權問題舉行公決；大選：保守黨在瑪格麗特·戴卓爾領導下重新執政；津巴布韋(羅得西亞)獨立
1980	北海石油使英國自給自足
1981	社會民主黨成立
1982	英國在福克蘭群島戰爭中擊敗阿根廷
1983	大選：戴卓爾保守黨政府以壓倒性多數繼續執政；英國部署巡航導彈
1984	煤礦工人大罷工
1985	持續了一年後煤礦工人結束罷工；《英愛希爾斯伯勒協議》簽署
1986	英吉利海峽隧道條約簽署；股票交易所「大爆炸」改革
1987	大選：戴卓爾保守黨政府以超過100席的多數繼續執政；秋季股市崩盤
1989	人頭稅率先在蘇格蘭實施
1990	英國加入貨幣兑換機制；戴卓爾辭職；約翰·馬卓安成為首相
1991	針對伊拉克的海灣戰爭
1992	在大選中保守黨出人意料地獲勝；「黑色星期三」：英國退出ERM

1994	愛爾蘭共和軍宣佈在北愛爾蘭停火
1996	查爾斯王子與戴安娜王妃離婚
1997	工黨以179席的優勢贏得大選：托尼・貝理雅成為首相；戴安娜王妃在巴黎車禍中喪生；蘇格蘭與威爾士就地方分權問題舉行全民公決；英國從香港撤出
1998	北愛爾蘭達成耶穌受難節協議
1999	歐洲經濟與貨幣聯盟(EMU)啟動(1月1日)，英國未參加；蘇格蘭與威爾士議會進行首次選舉；北愛爾蘭議會開幕；世襲貴族在上院的席位被廢除
2000	千禧穹頂開放；第一位民選倫敦市長誕生

歷任首相名錄 1914–2000年

(Herbert Henry Asquith	（赫伯特 ·亨利 ·阿斯奎斯	1908年4月起）
David Lloyd George	戴維 · 勞合 · 喬治	1916年12月
Andrew Bonar Law	安德魯 · 博納 · 勞	1922年12月
Stanley Baldwin	斯坦利 · 鮑德溫	1923年5月
James Ramsay MacDonald	詹姆斯 · 拉姆賽 · 麥克唐納	1924年1月
Stanley Baldwin	斯坦利 · 鮑德溫	1924年11月
James Ramsay MacDonald	詹姆斯 · 拉姆賽 · 麥克唐納	1929年6月
Stanley Baldwin	斯坦利 · 鮑德溫	1935年6月
Neville Chamberlain	內維爾 · 張伯倫	1937年5月
Winston Churchill	溫斯頓 · 丘吉爾	1940年5月
Clement Attlee	克萊門特 · 艾德禮	1945年7月
Winston Churchill	溫斯頓 · 丘吉爾	1951年10月
Sir Anthony Eden	安東尼 · 艾登爵士	1955年4月
Harold Macmillan	哈羅德 · 麥克米倫	1957年1月
Sir Alec Douglas-Home	亞歷克 · 道格拉斯–霍姆爵士	1963年10月
Harold Wilson	哈羅德 · 威爾遜	1964年10月
Edward Heath	愛德華 · 希思	1970年6月
Harold Wilson	哈羅德 · 威爾遜	1974年3月
James Callaghan	詹姆斯 · 卡拉漢	1976年4月
Margaret Thatcher	瑪格麗特 · 戴卓爾	1979年5月
John Major	約翰 · 馬卓安	1990年11月
Tony Blair	托尼 · 貝理雅	1997年5月